Torche Enveloppante

Ou

Torche Numéro 11

Rév. Renaut Pierre-Louis

Pour toutes informations regardant nos ouvrages et vos brochures évangéliques, adressez-vous à:

Peniel Southside Baptist Church
P.O. Box 100323
Fort Lauderdale, Fl 33310
Phone: 954-242-8271
954-525-2413
Fax: 954-623-7511
Website: www.penielbaptist.org
Website: www.theburningtorch.net
E-mail: renaut@theburningtorch.net
E-mail: renaut_cyrille@hotmail.com

Copyright © 2015 by Renaut Pierre-Louis
Tous droits réservés @ Rév. Renaut Pierre-Louis

Attention : Il est illégal de reproduire ce livre en tout ou en partie sous quelque forme ou par quelque procédé que ce soit, électronique mécanique, photographique, sonore, magnétique ou autre, sans avoir obtenu, au préalable, l'autorisation écrite de l'auteur.

Les ouvrages dans les trois langues française, anglaise et créole, sont aussi disponibles chez :

Morija Book Store:
1387 Flatbush Ave Brooklyn, N.Y. 11210

Phone: 718-282-9997

Michel Joseph:
192-21 118 Rd St Albans, N.Y. 11412
Phone: 917-853-6481 718-949-0015

Rév. Julio Brutus:
P.O. Box. 7612 Winter Haven, FL 33883
Phone: 863-299-3314 ; 863-401-8449

Rev. Edouard Georcinvil
725 NE 179th Terr N. Miami Bch, FL 33162
Phone: 305-493-2125

Rév. Evans Jules:
Eglise Baptiste Bethel
5780 W. Atlantic Ave Delray Beach Fl 33444
561-452-8273 561-266-5957

Iliana Dieujuste
2432 Indian Bluff Dr Dracula, GA 30019
Phone: 954-773-6572

Tome 11

Série 1

Entre moi ET Dieu

Avant-propos

Un terme qui revient souvent dans nos prières: «Seigneur, tu dis «quand deux ou trois sont assemblés en ton nom, tu es là au milieu d'eux». Jésus est-il exclusif[1] dans cette déclaration? Qu'en est-il de l'individu seul? Ne peut-il invoquer Dieu en privé? En feuilletant la Bible, nous surprenons tous les grands hommes de Dieu dans une position de relation intime avec le maitre de l'univers. Nous verrons dans cette série comment Dieu privilège son enfant en lui donnant le secret de la dévotion personnelle.

---

[1] Exclusif adj Qui appartient à un seul par privilège spécial

Remerciements

Nous donnons gloire à Dieu pour nous avoir inspiré cette série. Il va nous faire du bien à tous. Nous serons encouragés à prier seul et à devenir des amis intimes de Dieu ayant pour tout intérêt la communion avec ce Père dont tous nous avons envie de voir face à face.

Nos remerciements s'en vont aussi au frère Dimitry Doirin pour sa suggestion de modifier la structure de la TORCHE en y ajoutant des versets appropriés que nos frères pourront compléter en vue de mieux encourager leur participation à la leçon.

Enfin nous remercions tous les fidèles abonnés de la TORCHE pour leur soutien et leurs ferventes prières. Grâce à vous, LA TORCHE restera allumée !

Pasteur Renaut Pierre-Louis

Leçon 1
Sa nécessité

Textes pour la préparation: No.12:8; 2R.5:8; Amos.3:7; 1Co.6:19-20; Ep.2:10; 3:20; Phil.2:13; Ja.5:5
Versets à lire en classe: Ep.4:11-12
Verset de mémoire: Car nous sommes son ouvrage, ayant été créés en Jésus-Christ pour de bonnes œuvres, que Dieu a préparées d'avance afin que nous les pratiquions. Ep.2:10
Méthodes: Discours, comparaisons, questions
But de la leçon: Présenter l'homme comme le légitime correspondant de Dieu sur la planète.

Introduction
Le seul animal à stature[2] verticale c'est l'homme. Il est créé pour dominer. Mais quelqu'un domine sur lui. C'est Dieu son Père.

I. Dieu veut avoir des correspondants sur la planète.
1. C'est normal puisqu'il a l'occasion de converser avec Adam, son représentant dans le gouvernement du globe. Nous sommes une projection de lui-même. Nous sommes même son habitation, son Quartier Général à partir duquel il lance un défi contre Satan le Diable. 1Co.6:19-20
2. Puisque Satan est sur place, il doit être aussi sur place.
3. Tant que l'Eglise existe, la bataille contre Satan existe. Il sera le dernier vaincu avant la fin du monde.

---
[2] Stature nf. Taille d'une personne

4. Dieu doit donc avoir des gens qui le craignent, des gens à qui il peut parler en tête-à-tête. No.12:8

II. **Tout gouvernement doit avoir ses représentants.**
   1. Les serviteurs de Dieu en sont tous conscients. Citons-en des exemples : Moise, Josué, Elie, Elisée, Amos

III. **Il veut superviser les dons qu'il place en nous.**
   1. Il chérit avec jalousie l'Esprit qu'il place en nous. Ja.5:5
   2. Il tient lui-même à fonctionner en nous. Phil.2: 13
   3. Il contrôle toutes les opérations qu'il réalise à travers nous, parce que nous sommes son ouvrage et que son Esprit agit en nous. Ep.2:10; 3:20

Conclusion
Si Dieu veut vous avoir comme son correspondant ici dans ce lieu, en serez-vous content?

Questions

1. Pourquoi Dieu veut-il avoir des correspondants sur la planète? Pour gérer la terre
2. Que veut faire Satan avec l'Eglise? Il veut la détruire.
3. Pourquoi Dieu met-il son Esprit en nous? Pour nous utiliser comme son véhicule.
4. Met-il cet Esprit en tout homme? Non
5. Pourquoi? Parce qu'il faut qu'on ait la foi en Lui.
6. Ecrivez l'expression d'Elisée dans 2Roi.5 : 8

_____
_____
_____
___

7. Ecrivez le verset d'Amos 3 :7

_____
_____
___

8. Remplissez les intervalles. « Je lui parle bouche à bouche, je me _____ _____, et il voit _____ Pourquoi donc n'avez-vous pas _____ de parler _____ _____ ? No.12 :8

Leçon 2
Une rencontre au sommet de deux mystères

Textes pour la préparation: Le. 11:44; Job.36:26; Mt. 5:23-24; 6: 14-15; 17:2; 28:20; Ac.1: 8; 24:16; 1Co.12:4-6; Ga.2:20; Col.3:13; 1Th.5:23; 1Pi.1:15
Versets à lire en classe: Ge.1:25-27
Verset de mémoire: Dieu créa l'homme à son image, il le créa à l'image de Dieu, il créa l'homme et la femme. **Ge.1:27**
Méthodes: Discours, comparaisons, questions
But de la leçon: Présenter l'homme comme une projection de Dieu.

Introduction
Comment allez-vous appeler une rencontre en intimité avec Dieu? Peu importe le nom que vous lui donnez, il s'agit de toutes façons, du rapport entre deux forces.

I. **C'est la rencontre entre deux mystères.**
   1. Dieu est mystère.
   2. Il nous a créés à son image et à sa ressemblance.
   3. Puisque Dieu est mystère, l'homme aussi est mystère. Job.36:26
      a. Dieu fonctionne suivant un principe trinitaire; le Père, le Fils et le Saint Esprit. Mt.28:20; 1Co. 12:4-6
      b. L'homme aussi fonctionne suivant un principe trinitaire ou trichotomique[3]: le corps, l'âme et l'esprit. 1Th.5:23

---
[3] Trichotomie nf. Théol. Qui se divise en trois parties

c. Puisque l'homme ne peut comprendre un Dieu trinitaire, il ne peut non plus comprendre l'homme trinitaire dans ses différents aspects.
d. Les hommes chercheront en vain à vous comprendre. Alors ils vous jugent. Et ça vous fait mal.

II. **Cette rencontre est gouvernée par deux principes.**
 1. Premier principe: le ciel dégage une puissance.
 Ac.1:8
 Cette puissance d'en haut vient loger dans l'homme.
 2. Deuxième principe: L'homme d'en bas doit avoir la capacité spirituelle pour accueillir cette puissance d'en haut. Elle peut le déborder jusqu'à l'illumination.
 Mt. 17:2
 3. L'Esprit agit dans le corps, l'âme et l'esprit de l'homme. 1Th.5:23

III. **Cette rencontre obéit à des conditions.**
 1. L'homme doit être en état de sainteté.
 Lé.11:44; 1Pi.1:15
 2. Sa conscience doit passer au rayon X de l'Eternel. Elle doit être sans reproche devant Dieu et les hommes. Ecrivez le verset d'Ac.24:16

 _____

 3. «Le moi» doit mourir. Remplissez l'intervalle «Si je vis, ce n'est plus _____ C'est _____ Ga.2:20

4. Vous devez faire restitution pour les dommages causés à la réputation de quelqu'un.
   a. Vous devez vous excuser bien humblement.
   b. Vous devez avouer que vous avez sali sa réputation.
   c. Vous devez aussi le dédommager pour les torts matériels que vous auriez pu lui causer. Mt.5: 23-24
   d. Vous devez lui pardonner et rester sans rancune ni esprit de vengeance. Mt.6: 14-15; Col.3:13

Conclusion

Dieu n'a d'autre piste d'atterrissage que notre cœur. Peut-il y descendre maintenant?

Questions

1. Comment considérer la rencontre de Dieu avec l'homme? La rencontre de deux mystères
2. Quel est le mystère de Dieu?
   Le mystère de la sainte Trinité
3. Quel est le mystère de l'homme?
   Le mystère de la trichotomie du corps, de l'âme et de l'esprit
4. Comment Dieu opère-t-il dans l'homme?
   Comme dans un récipient
5. Quelle doit être la condition de l'homme pour recevoir cette puissance?
   a. Un état de sainteté
   b. Une conscience pure
   c. Un esprit de pardon sans rancune
   d. La restitution pour les dommages, s'il y en a.

Leçon 3
Un mouvement de l'âme vers son Dieu

Textes pour la préparation: Jos.5:14; Ps.29:4; 42: 1-12; 95: 1-2; Es.45:19; Je.29:13; Mt.7:7; Ja.1:6
Versets à lire en classe: Ps.42:1-6
Verset de mémoire: Vous me chercherez et vous me trouverez si vous me cherchez de tout votre cœur. Je.29:13
Méthodes: Discours, comparaisons, questions
But de la leçon: Créer chez les chrétiens la soif de rencontrer Dieu.

Introduction
Un jour Israël reprocha Dieu en ces termes: «Tu es un Dieu qui te caches.» Es.45:15 Mes amis, quelle fausse accusation!

I. **Il n'agit pas en cachette**
1. Il ne parle pas en cachette. Es. 45:19; Ps.29:4
2. Il intervient toujours à temps et non pas en cachette. Jos.5:14

II. **Cependant, Il pose des conditions pour être vu**
1. Il faut le chercher de tout son cœur en révoquant toutes pensées négatives. Je.29:13
2. Il faut être positif. Ne jamais regardez au problème mais à la solution. Mt.7:7
3. Il faut avoir la foi. Douter de Dieu est la plus grave insulte qui soit. Ja.1:6
4. Il faut prendre ce rendez-vous au sérieux. C'est un rendez-vous au sommet! Mt. 6:6

III. Comment l'avez-vous cherché?
1. Est-ce avec l'angoisse d'une biche[4] qui soupire après le courant d'eau? Ps.42:1
2. Est-ce avec la passion d'une âme dans sa soif de Dieu»? Ps.42:3
3. Est-ce avec un cœur reconnaissant?

Conclusion
Si vous prenez Dieu au sérieux, il prendra aussi votre cas au sérieux. Soyez sérieux.

Questions

1. Pourquoi disons-nous que Dieu n'agit pas en cachette?
Il intervient en tout temps et non pas en cachette.
2. Quelles sont les conditions à remplir pour le voir?
   a. Il faut le chercher de tout son cœur
   b. Il faut être positif
   c. Il faut avoir la foi
   d. Il faut prendre Dieu au sérieux.
3. Comment exprimer le mouvement de l'âme vers Dieu?
   a. Comme une biche soupire après des courants d'eau
   b. Comme un croyant, avec un cœur reconnaissant.
4. Quand peut-on attendre une réponse de Dieu?
Quand on _____ le prend au sérieux.
5. Ecrivez ces versets du Psaume 95. Ps.95:1-2

_____

_____

[4] Biche nf. Femelle du cerf

Leçon 4
Un entretien profond et confidentiel avec Dieu

Textes pour la préparation: Ge. 12:3-19; 18:17; 22:12-32; 1R.8:27; Ps.25:14; 139:5; Es.57:15; Amos.3:7; Ep.2:10
Versets à lire en classe: Ge.15:1-5
Verset de mémoire: Et après l'avoir conduit dehors, il dit: Regarde vers le ciel, et compte les étoiles, si tu peux les compter. Et il lui dit: Telle sera ta postérité. **Ge. 15:5**
Méthodes: discours, comparaisons, questions
But de la leçon: Montrer comment Dieu se rabat à notre mesure pour se faire comprendre.

Introduction
Je ne peux m'expliquer comment les cieux des cieux ne peuvent contenir Dieu et le voilà chez Abraham dans un entretien en privé. 1R.8:27
Quoi de plus étonnant! En voici les raisons :

I. Dieu recherche notre amitié. Ps.25:14
1. Si vous le respectez et l'honorez, il vous livre ses secrets.
2. Il ne fait rien sans avoir révélé ses secrets à ses serviteurs. Ge. 18:17; Amos. 3:7
3. **Il penche ses oreilles pour écouter les cœurs humbles.** Ce que nous ne pouvons dire à personne, il est disposé à laisser son trône pour venir l'écouter. Es.57:15

II. Dieu peut descendre vers nous. Il peut être autour de nous et aussi en nous parce que nous sommes sa propriété. Ep.2:10

III. Tous pourront voir comment Dieu nous bénit.
1. Il enrichit Abraham à travers toutes les nations. Ge. 12:3
2. Il l'éprouve de plusieurs manières. Malgré tout Abraham garde toujours la foi en Dieu, son ami.
   a. Après avoir bâti un autel pour Dieu, Abraham tomba dans la misère. Ge. 12: 7
   b. Les Egyptiens ont kidnappé[5] Sara, sa femme. Ge.12: 19 Celle-ci était stérile. Abraham avait 100 ans et elle 90 ans quand ils eurent leur premier enfant. Ge.17 :17
   c. Quand l'enfant devint majeur, Dieu le réclama en sacrifice. Ge.22:12
3. Il conserve l'amitié avec Abraham et en parle souvent.

Conclusion
Si vous voulez être l'ami de Dieu, ne l'appelez pas seulement quand vous avez des problèmes, mais appelez-le très souvent par pure amitié.

Questions

1. Pourquoi un Dieu si grand se met-il à notre niveau pour nous parler?
   a. Il recherche notre amitié.

---

[5] Kidnapper vt. Enlever une personne en particulier, pour obtenir une rançon

b. Nous sommes sa propriété et ses correspondants.
2. Avec qui d'ordinaire parle-t-il en tête-à-tête?
   Avec ceux qui le craignent et qui honorent son nom.
3. Quelle est la position de Dieu auprès de ceux qui le craignent?
   Ils les entourent par derrière, par devant et il met sa main sur eux.
4. Comment les autres le sauront?
   a. Par les bénédictions que Dieu nous donne.
   b. Par notre fermeté devant les épreuves.
   c. Par sa sainte présence parmi nous.
5. Ecrivez ce verset: Mathieu 22:32

   _____
   _____
   _____
   _____
   _____

   _____
6. Complétez les versets suivants. Ps.139: 5
   _____ par derrière et _____ et tu mets. _____ 2.
   Ephésiens. 2: 10 Nous sommes _____ ayant été créés en Jésus-Christ _____ afin que _____

Leçon 5
La persévérance à soutenir une cause juste

Textes pour la préparation: 1R.17:1-24; 18:1-46; 19:1-18
Versets à lire en classe: 1R.17:1-2; 18:15-24
Verset de mémoire: Réponds-moi, Eternel, réponds-moi, afin que ce peuple reconnaisse que c'est toi, Eternel qui es Dieu, et que c'est toi qui ramènes leur cœur! **1R.18:37**
Méthodes: Discours, comparaisons, questions
But de la leçon: Montrez comment Dieu défend bien sa réputation à travers un homme plein de foi.

Introduction
Quand on est serviteur de Dieu on ne doit pas hésiter une seconde à prendre en main sa cause. C'était le cas du prophète Elie. Je me demande qui viendra après lui.

I. La situation du prophète
1. Il était le représentant spirituel de l'Eternel sous la royauté d'Achab et de sa femme Jézabel en Israël. 1R.17:1-2
2. Ce roi employa 450 houngans[6] et sa femme 400 pour supporter son royaume. 1R.18:19
3. Devant cette dégradation[7] morale et spirituelle et pour jeter un défi à tous ces représentants des faux dieux, le prophète Elie appela un fléau majeur sur la nation. 1R.17:1

---
[6] Houngan . Myst. Prêtre du vodou
[7] Dégradation n.f. Affaiblissement insensible et continu

II. La décision du prophète
1. Il ordonna une sécheresse de quarante-deux mois sur le pays. 1R.17:1
2. Il engagea la signature de l'Eternel pour confirmer cette décision. 1R.17:1
3. Toutes les fois que le temps change et qu'il va pleuvoir, il devait certainement invoquer l'Eternel pour lui demander d'arrêter la pluie.

III. Les conséquences de cette décision
1. Sans doute les bocors[8] accusent-ils Elie d'avoir arrêté la pluie.
2. Le roi Achab politisa[9] la déclaration du prophète et le fit chercher pour le punir. 1R.18:8-12
3. Il le rendit responsable de la famine, de la sécheresse et de la misère du peuple. Aussi le prophète devait-il en souffrir des conséquences.
   a. Il devait être nourri par des corbeaux[10] et boire l'eau du torrent pendant des mois. 1R.17:3-7
   b. Quand le torrent a tari, Dieu l'envoya chez une veuve pour assurer son entretien. 1R.17:8-9
   c. Il subissait la haine de tous les enfants d'Israël. 1R.18:17, 21

---

[8] Bocor nm. Myst. Prêtre du vodou
[9] Politiser vt. Donner un caractère politique à quelque chose.
[10] Corbeau nm. Oiseau passereau au plumage noir qui se nourrit de charognes, de petits animaux et de fruits.

d. Malgré tout, il voulut persévérer dans sa cause parce qu'il avait voulu honorer l'Eternel. 1R.18:22

IV. L'appui de Dieu à cette décision.
1. A son tour, Dieu lui annonça la tombée de la pluie. 1Roi.18:1
2. Quand le roi le fit chercher pour l'arrêter, Elie jeta le
défi devant le roi et tout Israël. 1R.18: 24
3. Il prit rendez-vous avec Dieu qui descendit sur l'heure pour défendre son nom et sa clientèle. 1R.18:24
4. Le feu de Dieu brûla les offrandes en présence de tous. 1R.18:38
Ecrivez la déclaration du prophète. 1Roi.18:36-37

_____
_____
_____
_____
_____

—
Conclusion
Dieu nous éprouve dans nos convictions pour voir jusqu'où nous allons maintenir. Restez fermes!

Questions

1. Qui était le prophète de l'Eternel du temps d'Achab? Elie
2. Quelle était la situation morale et spirituelle du peuple en ce temps-là?
   Il vivait dans l'idolâtrie en adorant les faux dieux du roi Achab et de la reine Jézabel.
3. Que fit Elie à cette heure?
   a. Il ordonna l'interdiction de la pluie sur le pays pendant quarante-deux mois.
   b. Il engagea la réputation de Dieu dans cette déclaration
4. Quelles en étaient les conséquences?
   a. Le roi lui envoya un mandat d'arrestation.
   b. Dieu détacha des corbeaux pour lui apporter à manger deux fois par jour.
   c. Il devait ensuite se nourrir chez une veuve à Sarepta.
5. Comment Dieu sauva-t-il sa réputation?
6. Il fit tomber le feu pour brûler les offrandes sur l'autel dressé par le prophète Elie.
7. Il fit pleuvoir en abondance sur le sol.

Leçon 6
Un télégramme dans un cas d'urgence

Textes pour la préparation: Da.6:1-28
Versets à lire en classe: Da.6:1-10
Verset de mémoire: Lorsque Daniel sut que le décret était écrit, il se retira dans sa maison, où les fenêtres de la chambre supérieure étaient ouvertes dans la direction de Jérusalem; et trois fois le jour il se mettait à genoux, il priait et il louait son Dieu comme il le faisait auparavant. **Da.6:10**
Méthodes: Discours, comparaisons, questions
But de la leçon: Montrer l'intervention de Dieu dans des cas d'urgence pour protéger un serviteur fidèle.

Introduction
Dans ce chapitre, nous voyons Daniel à genoux chez lui au moment où il aurait dû être au bureau. Comment y expliquer sa présence et dans cette posture à pareille heure?

I. C'était un cas de vie et de mort
Daniel est accusé de lèse-dieu[11] et de lèse-majesté[12]. Tous les fonctionnaires de l'Etat étaient d'avis de signer un certificat attestant que Darius est nommé dieu pour trente jours. Seul Daniel a refusé de signer cette décision sacrilège. Da.6:7
   a. Daniel sera arrêté dans quelques minutes. Da.6:11
   b. Nul n'est compétent pour plaider sa cause.

---
[11] Lèse-dieu. Blasphème contre le nom de Dieu.
[12] Lèse-majesté nf. Attentat contre la personne du prince ou contre son autorité

c. Son ancienneté et ses expériences politiques étaient à ce moment, des atouts inutiles.
d. Les richesses accumulées durant les règnes des rois Nebucadnetsar et de Belschatsar ne sauraient non plus le défendre.

II. Sa seule voie de recours
1. Un télégramme d'urgence à l'Eternel.
2. Ce doit être un message confidentiel. Nul ne doit savoir s'il cherche du renfort.
3. Lors même qu'il est à genoux pour prier, les ennemis ne pourront intercepter[13] sa prière ni bloquer la réponse de l'Eternel.
4. Il doit garder le sang-froid quand les ennemis paniquent.
5. La prière fait partie de sa diète journalière. Da.6:10
Complétez ce verset. Lorsque Daniel sut que _____ _____, il se retira _____ où les fenêtres de la chambre supérieure _____
dans la direction
_____ et
trois fois
_____ il
priait et il louait son Dieu _____
___auparavant

IV. Pourquoi et comment Dieu répond-il à Daniel ?
1. Il a reçu son télégramme.
2. Il a lu le document sacrilège du roi Darius

---

[13] Intercepter vt. Arrêter au passage

3. Et il a bien vu que Daniel ne l'avait pas signé.
4. Il était au courant du verdict de condamnation
5. J'en déduis que Dieu lui dise :
   Mon cher Daniel, Je suis au courant du complot dont vous êtes victime. J'ai déjà l'adresse de la fosse aux lions où l'on va vous jeter. Je serai parmi eux comme le Lion de la Tribu de Juda. Daniel, à tout à l'heure!

Conclusion

Allez-vous prier Dieu et le louer dans les cas d'urgence? C'est assez pour qu'il laisse le ciel dans l'immédiat pour venir vous défendre.

Questions

1. Où était Daniel quand le décret était écrit?
   A son bureau
2. Que fit-il après avoir reçu cette information?
   Il laissa le bureau et rentra chez lui pour prier.
3. Comment prenait-il la prière?
   Comme un besoin aussi important que les trois repas réguliers du jour.
4. Dans quelle attitude savait-il prier? A genoux
5. Quel était le but de sa prière?
   Réclamer la présence de Dieu en urgence.
6. Pourquoi ? Il sera jeté dans la fosse aux lions parce qu'il priait Dieu au lieu du roi.
7. Comment considérer sa prière?
   Comme un télégramme à l'Eternel.
8. Comment Dieu répondit-il à sa prière?
   Il descend lui-même dans la fosse pour le protéger.

Leçon 7
Un combat intérieur

Textes pour la préparation: Mt.26: 56; 27; 27-56; Lu.19:10; 22: 44; 23; 35-37; Jn.1:29; 18:2; 19:30
Versets à lire en classe: Lu.22:39-46
Verset de mémoire: Père, si tu voulais éloigner de moi cette coupe! Toutefois, que ma volonté ne se fasse pas, mais la tienne. Lu. 22: 42
Méthodes: Discussion, questions
But de la leçon: Présenter la prière comme un combat de l'âme au milieu de la souffrance.

Introduction
Il n'est jamais facile de prier seul. Si vous voulez prier sans distraction, vous devez venir devant Dieu avec un cas urgent et employer une méthode appropriée.

I. Un motif valable
Prenons le cas de Jésus qui pria seul.
1. Il sait qu'il sera trahi, abandonné, humilié, maltraité, flagellé[14], et tué.
   a. Juda le trahit: Complétez ces versets:Jn.18:2 Judas _____ connaissait _____ parce que Jésus et ses disciples_____ souvent réunis.
   b. Mt.26:56 Alors tous _____ l'abandonnèrent et _____ fuite.
   c. Mt.27:30 ET ils crachaient_____ prenaient _____ frappaient _____
   d. Mt.27:26 Alors Pilate leur relâcha _____; et après avoir _____ il le _____ pour être crucifié.

---
[14] Flageller vt. Battre à coups de fouet, de verges

e. Jn.19:30 Quand Jésus eut pris _____,
il dit: _____. Et _____ il rendit l'esprit
2. Il sait que cette heure sera unique. Il va jouer gros pour sauver le monde. Il doit être sacrifié comme l'agneau de Dieu. Jn.1:29
3. Satan sera là pour le défier de descendre de la croix et d'abandonner ses souffrances et sa mission.
Lu.23:35-37
4. Il sera seul sur l'autel du sacrifice. Il le sait. Il ne pourra pas changer son sort. Lu.19:10 Voilà son angoisse!

II. Il doit suivre une méthode appropriée

1. Pour ne pas se distraire. La journée était absorbante. Il pourrait céder à l'accablement et dormir pendant la prière.
2. L'urgence du moment l'obligera à prier à haute voix :
Son insistance, ses gesticulations[15] activent de la sueur sur son visage au point que les gouttes ressemblaient à des grumeaux[16] de sang. Lu.22:44
3. Il devait se concentrer sur Dieu et sur sa demande. Tout le drame se joue dans son cœur.

Conclusion

Dans nos combats, si ta main nous délaisse,
Satan vainqueur nous tiendra sous ses coups.
Que ta puissance arme notre faiblesse.

---

[15] Gesticulation nf. De grands gestes faits en tous sens
[16] Grumeau nm : Petite boule formée par une substance

Reste avec nous Seigneur, Reste avec nous.

Questions

1. Quelles sont les conditions pour éviter la distraction dans la prière?
   Il faut y venir avec un motif valable et adopter une méthode appropriée.
2. Qu'est ce qui provoquait l'angoisse chez Jésus?
   Il sait qu'il sera trahi, abandonné, humilié, maltraité, flagellé et tué.
3. Qu'est ce qui nous fait croire que sa prière était comme un combat?
   a. Il priait plus instamment
   b. Sa sueur devint comme des grumeaux de sang.

Leçon 8
Un appel à l'intervention divine

Textes pour la préparation: 2S.7:14-16; 14:1-33; 13: 28-32; 14: 21-24; 15: 1-46; 1Ch.3:1-8; Ps. 3:1-9;121:1; 118:13
Versets à lire en classe: Ps.3:1-9
Verset de mémoire: Lève-toi, Eternel, sauve-moi mon Dieu! Car tu frappes à la joue tous mes ennemis, tu brises les dents des méchants. **Ps.3: 8**
Méthodes: Discours, questions
But de la leçon: Montrer l'intervention de Dieu dans nos luttes quotidiennes.

Introduction
Le Psaume 3 décrit l'angoisse de David **tout seul** devant une mort certaine. Il ne peut échapper à la poursuite d'un fils aigri[17], frustré[18], jaloux et méchant. Qui peut l'en délivrer?

I. Raisons de la poursuite d'Absalom
1. David a des enfants de plusieurs lits; un seul sera son successeur immédiat. Absalom sait d'avance qu'il ne sera pas qualifié. Il doit donc organiser un coup d'Etat. 1Ch.3:1-8
    a. Il avait tué son demi-frère Amnon pour venger son inceste sur sa sœur Tamar. Et

---

[17] Aigri adj. Rendu amer par des déceptions, des échecs et des épreuves

[18] Frustré adj. Etre privé d'un avantage dont on croyait pouvoir disposer ou qui était dû.

depuis, David le bannit de son royaume.
2S.13: 28-29, 32
   b. Il veut être gracié et en profiter pour tuer David et s'accaparer du pouvoir. 2S.14: 21-24

II. Raisons de la peur de David
   1. Absalom sait qu'Achitophel, le conseiller particulier de David n'est pas sincère avec le roi depuis le meurtre d'Urie, le mari de Bathsheba, petite-fille d'Achitophel. Un complot préparé avec cet homme ne sera pas découvert. 2S.11:3; 15: 12; 23:34
   2. Absalom a détruit la popularité du roi en offrant ses services à ceux-là qui viennent les solliciter du palais. 2S.15: 1-3

   3. C'est ainsi qu'il rallia à son parti beaucoup de gens et surtout des mécontents pour tuer son père.
   2S.15: 4-6 ; Ps.3 :1-9

III. Raisons de Dieu pour intervenir
   1. Il avait promis à David de protéger son royaume et de faire asseoir un de ses descendants sur le trône. 2S.7:14-16
   2. David a foi en Dieu malgré toutes ses faiblesses. Ps.118:13; 121:1
      a. Il bannit la peur dans ses os. Ecrivez ce verset   Ps.3:6

   _____
   _____
   _____

 b. Il croit dans la victoire de l'Eternel sur ses nombreux ennemis. Ps.3: 1
 c. Il sait que Dieu entend sa prière dans Sion, sa montagne sainte, le temple de Dieu à Jérusalem. Ps.3:5
 d. Effectivement, Dieu l'a délivré de la main d'Absalom. Ps.3 :8-9

Conclusion
Même si nous avons tort en quelque chose ou en quelque manière, Dieu n'attend pas notre perfection pour intervenir pourvu que nous acceptions de nous humilier devant lui. Allons-y, bien-aimés!

Questions

1. Que nous raconte le Psaume 3? L'angoisse de David dans sa fuite devant son fils Absalom
2. Qui était Absalom? Un des fils de David
3. Quelle était sa faute? Il avait tué son demi-frère Amnon pour venger le viol de sa sœur Tamar
4. Que fit-il après cela?
 a. Il prit la fuite
 b. Il chercha à entrer en grâce devant David, son père
 c. Il chercha à détruire la réputation du roi
 d. Il complota pour le tuer.
5. Que fit David? Il cria à Dieu.
6. Quelle était la réponse de Dieu? Il délivra David d'Absalom

Leçon 9
Un séminaire au pied du Seigneur

Textes pour la préparation: Ex.24:12-18; No.16: 27-33; 1S.15:22; Es.44:1; 2Co.12:9; Ga.2:20; 1Pi.5:7; Jn.21:15-17;
Versets à lire en classe: Ex.24:12-18
Verset de mémoire: L'Eternel dit à Moise: Monte vers moi sur la montagne et reste là; je te donnerai des tables de pierre, la loi et les ordonnances que j'ai écrites pour leur instruction. **Ex. 24:12**
Méthodes: Discours, comparaisons, questions
But de la leçon: Découvrir les secrets de la prière en profondeur.

Introduction
Dieu invita Moise **tout seul** à passer 40 jours et 40 nuits à ses pieds. Il lui ordonna de renvoyer le peuple. Quant à Josué, son serviteur, il lui demandait de garder une certaine distance. Avant de lui parler, Dieu observa six jours complets de silence. Comment commenter sur cette rencontre? Ex.24 :12-18

Les six jours de silence de Moise Ex.24: 16
I. Réflexion au premier jour
1. Puisque Dieu l'appela en privé, il doit en avoir ses raisons.
2. Tant qu'il ne se mette pas dans la position attendue, Dieu ne va pas commencer à parler.
3. Dès lors, certains soucis préliminaires doivent être rejetés:
   a. Souci de l'endroit pour dormir.
   b. Souci pour Josué son assistant.
   c. Souci pour sa famille.

4. Il doit renoncer à lui-même, à ses préférences pour mettre Dieu en premier. Mt.6:33; 1Pi.5:7

II. **Réflexion au deuxième jour**
   1. Souci pour l'œuvre, pour les enfants d'Israël.
      a. S'ils s'appellent «Enfants d'Israël», leur Père est «le Dieu d'Israël.» Il ne peut oublier sa promesse à Abraham. Es.44:1
      b. Les brebis que nous avons à paitre sont siennes. Il le dit à Pierre trois fois: «Pais **mes** brebis», Pais **mes** agneaux». Ne vous inquiétez pas plus que Dieu pour son troupeau. Pas de paternalisme, s'il vous plait. Jn.21:15-17
   2. Dieu veut que nous fassions souci pour ses ordres avant d'en faire pour son travail. 1S.15:22

III. **Réflexion au troisième jour**
   1. Il doit avoir grand faim
   2. Il doit avoir un besoin de changer. Moise commence à perdre du poids et le parfait usage de ses facultés.
   3. Là Dieu lui injecte[19] sa propre nourriture. L'agenda de Moise ne compte plus.

IV. **Condition au quatrième jour**
   1. Moise était subjugué[20], purgé. Pas de réaction, pas d'arguments. Il n'a qu'à se rendre. Ga.2:20

---

[19] Injecter vt. Introduire sous pression un liquide dans un corps

[20] Subjuguer vt. Exercer un puissant ascendant sur. Séduire

2. Il doit se convaincre que Dieu exige de lui une dépendance totale.

V. Constatation au cinquième jour
1. Puisque la nuée de la grâce de Dieu le couvrit, il y trouve tout ce qu'il faut à l'abri du Très-Haut. Ps.91:1
2. « Ma grâce te suffit », disait-il à Paul. 2Co.12:9
3. Il est dans le secret de Dieu. Plus d'inquiétude.

VI. Condition au sixième jour
Moise n'est plus Moise. Il ne peut ni monter, ni descendre. Il n'a rien en lui d'un humain, mais d'un cadavre désossé. Il n'a aucune sensation. Il est vidé de lui-même.

VII. Condition au septième jour: Le silence est enfin rompu.
1. Dieu le fortifie et le garde en alerte pour 40 jours.
2. Il est redescendu de la montagne avec la force de Dieu pour porter deux tables de pierres bien lourdes et punir l'idolâtrie des enfants d'Israël. Ex.32 : 26-28
3. Il porte avec lui le pouvoir pour mater l'insurrection de 250 grévistes et des milliers de rebelles. No.16:27-33

Conclusion
Prenez le pied du Seigneur comme base de lancement. Continuez à prier après avoir prié. Restez à l'écoute de Dieu. Il va vous révéler ses secrets et aucune force

ne saurait vous résister. Mais combien de jours allez-vous accepter de passer à ses pieds sans réagir?

Questions

1. Comment imaginer les six premiers jours de Moïse?
    a. Il doit se mettre dans la position voulue par Dieu
    b. Il doit oublier momentanément son programme
    c. Il doit dépendre totalement de Dieu
2. Avec quelle force va-t-il survivre pendant 40 jours?
    Seulement avec la force de Dieu.
3. Quelles étaient les preuves de ce séminaire ?
    a. Il survivait à 40 jours de jeûnes.
    b. Il descendit de la montagne chargé de deux tables de pierre très pesantes.
    c. Il avait la puissance pour vaincre ses ennemis.

Leçon 10
Un générateur de puissance.

Textes pour la préparation: Mt.28:20; Lu.6:12-13; 22:41-46; Jn.6:14-15; 14:10; 15:5; Ac.1:8; Ga.2:20; Phil.4:13

Versets à lire en classe: Jn.15:1-7

Verset de mémoire: Je suis le cep, vous êtes les sarments. Celui qui demeure en moi et en qui je demeure porte beaucoup de fruit, car sans moi vous ne pouvez rien faire. **Jn.15:5**

Méthodes: Discours, comparaisons, questions

But de la leçon: Voir en l'homme un récepteur et Christ un transmetteur.

Introduction

Tant que nous sommes sur la terre, nous devons nous considérer comme des batteries d'accumulateur[21]. Pour produire, il nous faut nous recharger incessamment à partir de Jésus-Christ, notre générateur de puissance.

I. **Il nous en donne l'exemple**.
  1. Avant de choisir ses disciples, il passa toute la nuit à prier Dieu, **tout seul**. Lu.6:12-13
  2. Après le miracle de la multiplication des pains, il évite les compliments et les commentaires de la foule. De préférence, il va trouver son Père **tout seul**.
   Jn.6 : 14-15

---

[21] Accumulateur n.m Tout dispositif susceptible d'emmagasiner de l'énergie et de la restituer.

3. Avant d'affronter le calvaire, il prit le chemin de Gethsémané. Il cria au pied de son Père, **tout seul.** Lu.22:41
4. Il est conscient de la présence du Père en lui pour faire les œuvres. Jn.14:10

Complétez ce verset: Ne crois-tu pas que _____ Et que _____? Les paroles que je vous dis _____; et le Père qui demeure en moi _____ les œuvres.

II. Il nous demande de suivre son exemple
1. Sans moi, dit-il, vous ne pouvez rien faire. Jn.15: 5
2. Veillez et priez afin que vous ne tombiez pas dans la tentation. Lu.22:46
3. C'est seulement grâce à cette puissance, que vous pourrez prêcher de Jérusalem, dans toute la Judée, en Samarie et jusqu'aux extrémités de la terre. Ac.1:8
4. Là encore, je serai dit-il, avec vous tous les jours pour recharger votre batterie. Mt.28:20
5. Paul le reconnait quand il dit: Et maintenant, si je vis, ce n'est plus moi qui vis, mais c'est Christ qui vit en moi. Ga.2:20
6. Je puis tout par Christ qui me fortifie. Phil.4:13

Conclusion

Retenez ceci: Si vous n'êtes pas habitué à rencontrer le Père **tout seul**, vous n'aurez pas **tout seul** la force pour repousser le Diable. Satan va vous séduire **en privé** et vous avilir plus tard **en public**. Restez branché à Christ, votre générateur.

Questions

1. Que représente Jésus-Christ pour notre vie spirituelle? Un générateur de puissance.
2. Pourquoi Jésus pria-t-il, lui qui est Dieu?
   Pour nous en donner l'exemple
3. Qu'arrivera-t-il si nous ne suivons pas son exemple?
   Nous ne pourrons rien faire.
4. Quel a été le témoignage de Paul?
   Il peut tout par Christ qui le fortifie
5. Quel était son secret?
   Christ en lui.

Leçon 11
Causes de la chute de deux grands leaders

Textes pour la préparation: Ex.14:16-21; 16:6-7; 17:1-6; 32: 16,19; 34: 4-6; No.20: 2-13; 1R.18: 18-39; 1R.19:2; 2R.1: 1-16; Ja.5:17
Versets à lire en classe: 1R.19:4-10
Verset de mémoire: Moise et Aaron convoquèrent l'assemblée en face du rocher. Et Moise leur dit : «Ecoutez donc rebelles! Est-ce de ce rocher que nous vous ferons sortir de l'eau?» **No.20.10**
Méthodes: Discussion, comparaisons, questions
But de la leçon: Montrer le danger de se croire important dans l'Eglise.

Introduction
Tant que nous regardons vers le ciel, nous ne pourrons jamais avoir le vertige. Moise et Elie l'avaient momentanément oublié. Voyons-en les conséquences.

I. La chute de Moise
1. Il regardait à Dieu pour toutes choses dans son ministère.
   a. Pour la traversée de la Mer Rouge. Ex.14: 16, 21
   b. Pour la manne quotidienne à nourrir un peuple nombreux dans le désert. Ex.16: 6-7
   c. Pour étancher sa soif aux eaux du rocher d'Horeb. Ex.17: 4-6
   d. Pour vaincre Amalek. Ex.17:8, 9,16
   Les exemples sont donc multiples.
2. Cependant, enflammé de colère contre le peuple, il brisa les Tables de la Loi écrites du doigt de Dieu. Ex.32:16,19

Dieu lui demande de lui sculpter deux tables pareilles en vue d'y retranscrire ses paroles. C'était la dernière chance qu'il lui donne. Ex.34: 4,6

3. En effet, arrivé aux eaux de Meriba, il s'appropria la gloire de Dieu en persuadant le peuple de son autorité et de celle d'Aaron pour lui donner à boire. Dieu le blâma pour sa colère et le révoqua. No.20: 10,12

II. La chute d'Elie

1. Il est reconnu dans l'histoire biblique comme le prince des prophètes.
    a. Il a bravé un roi et sa femme. 1R.18: 18-19
    b. Il a bravé 850 houngans. 1R.18:19
    c. Il a bravé toute une nation. 1R. 18:36-39
    d. Il croyait même avoir le monopole[22] du feu pour brûler qui il veut et ce qu'il veut. 2R.1: 9-14
2. Mais après l'épopée du Mont Carmel, il est pris de vertige en se croyant important. Il devint hors-jeu par orgueil spirituel. Et Dieu le révoqua.
3. Comment?... Jézabel, la reine sanglante a décidé de dépecer[23] le prophète en 850 morceaux pour venger ses houngans et ceux du roi qu'Elie avait décapités[24]. 1R.18: 19, 40; 1R.19: 2

---

[22] Monopole nm Possession exclusive de quelque chose
[23] Dépecer. vt Mettre en pièces, découper en morceaux
[24] Décapiter vt. Trancher la tête à quelqu'un

a. Paniqué[25], il alla à Horeb pour démissionner. Pourquoi ce voyage de 40 jours à pied de Mont Carmel au Mont Horeb? 1R.19:8
b. Pourquoi? Oui Pourquoi? Sans doute prenait-il le Mont Horeb comme un « réservoir de feu » Ex.3 :2 Il voulut aussi persuader Dieu de son importance. Sa démission va créer un gros problème à Dieu car il ne reste que lui seul comme prophète. Après lui c'est le déluge. 1R.19:10 C'était si simple de voir Dieu en privé comme il savait le faire pendant trois ans et six mois. Ja. 5:17
Complétez ce verset: Elie était un homme _____ :
Il pria avec instance _____ et il ne tomba point de pluie sur la terre pendant _____ mois.
Dieu accepte sa démission et lui donna son serviteur pour successeur, non pas sans l'informer que, à part lui, il a encore 7000 réservistes, des hommes de foi qui n'avaient jamais fléchi le genou devant l'idole. 1R.19:18

Conclusion

Dieu n'avait pas utilisé une drague[26] pour ouvrir la Mer Rouge. Il n'a pas besoin non plus de gens

---

[25] Panique nf. Terreur subite et violente, incontrôlable et de caractère souvent collectif

[26] Drague n.f. Engin de terrassement destiné à enlever le sable, le gravier ou la vase se trouvant au fond de la mer.

importants pour conduire son peuple. Votre humilité suffit. Laissez le reste entre ses mains.

Questions

1. D'où venait la grandeur de Moise? Dans sa soumission à la volonté de Dieu.
2. Quelle fut la cause de sa chute?
   Son orgueil spirituel
3. D'où venait la grandeur du prophète Elie ?
   Sa foi intransigeante en Dieu
4. Quelle fut la cause de sa chute?
   a. Il se croyait trop important.
   b. Il se croyait indispensable.
   c. Il croyait avoir le monopole du feu pour se venger.
5. Citez un défaut de Moise? Il a souvent des accès de colère.
6. Qui était le champion du Mont Carmel? Dieu
7. Que devrait faire Elie devant la menace de Jézabel?
   Voir Dieu en privé.
8. Commentez la réponse de Dieu au prophète
   a. Que fais-tu ici Elie? Pourquoi ce long voyage?
   b. J'accepte ta démission.
   c. Je mets à ta place un homme moins important. Il va   produire deux fois plus que toi.
   d. J'ai encore en réserve 7000 hommes. Ainsi je te   prouve que tu n'es pas le seul. Mon œuvre ne va pas périr avec toi.

Leçon 12   La dévotion personnelle jusqu'à l'illumination[27]

Textes pour la préparation: Ex.34:28-35; Da.10:4-7; Mt.17:1-3
Versets à lire en classe: Ex.34: 28-35
Verset de mémoire: Et il ne savait pas que la peau de son visage rayonnait parce qu'il avait parlé avec l'Eternel. **Ex.34: 29b**
Méthodes: Discours, comparaisons, questions
But de la leçon: Encourager les chrétiens à passer plus de temps dans la prière.

Introduction
La dévotion personnelle peut atteindre une dimension incomparable. Quand? Comment? Ouvrons la Bible.

I. Moise était illuminé
1. L'effet des rayons de la puissance de Dieu donnait un éclat particulier à la peau de son visage. Ex.34:29
2. Les enfants d'Israël pouvaient le constater et même ils craignirent de s'approcher de lui. Ex.34: 30
3. Cette illumination a eu lieu après 40 jours et 40 nuits de prière. Ex.34: 28
4.

II. Esaïe était illuminé.
Il était effrayé à cette expérience. Es.6: 5

---

[27] Illumination n.f. Relig. Dans l'expérience ascétique et mystique, état d'éveil, intelligence des choses spirituelles.

III. **Daniel était illuminé**. Da.10: 4-7
   1. Il voyait Jésus, l'homme vêtu de fin lin. Da. 10: 5
   2. Son corps brillait comme l'éclair. v.6
   3. Complétez le verset 6. Son corps brillait _____
   Ses yeux étaient comme _____ ses bras et ses pieds ressemblaient à _____ et le son de sa voix comme _____ d'une multitude.

IV. **Jésus était illuminé.**
   1. Complétez le verset de Mathieu 17:2 Il fut transfiguré[28] devant eux; son visage _____ comme le soleil, et _____ devinrent blancs comme la lumière.
      a. Moise et Elie, des illuminés eux aussi, devaient le constater. Mt.17: 3
      b. Les disciples Pierre, Jacques et Jean devaient aussi l'attester. Mt.17: 2

V. **Ce qui est particulier aux illuminés**.
   1. Ils acceptent de prendre le risque de la faim pour rester au pied du Seigneur.
   2. Ils étaient chargés d'une mission de haute portée.
      a. Moise devait transmettre les ordres de Dieu aux chefs des tribus d'Israël. Ex. 34 : 32

---

[28] Transfigurer. Vt. Changer l'aspect, la nature de quelque chose

      b. Daniel devait recevoir une révélation sur le futur. Da.10 :14
      c. Jésus devait marcher vers la crucifixion pour le salut du monde. Mt.17:9
3. D'autres peuvent le constater.
      a. Les enfants d'Israël ne pouvaient regarder Moise. dans les yeux. 2Co.3 :7
      b. Les hommes qui étaient avec Daniel prirent la fuite pour se cacher. Da.10: 7
      c. Les disciples Pierre, Jacques et Jean virent Moise et Elie; mais ils s'entretenaient seulement avec Jésus car leur message était confidentiel. Mt.17: 3

Conclusion

Rien n'empêche que vous soyez illuminé. Restez au pied du Seigneur dans une position unidirectionnelle et attendez sa manifestation.

Questions

1. Que veut dire «illuminé»?
2. Citez trois illuminés que vous connaissez? Moise, Elie, Jésus
3. Quelles sont les caractéristiques des illuminés?
      a. Ils acceptent de prendre le risque de la faim pour rester au pied du Seigneur.
      b. Ils ont une grande mission à remplir.
      c. Ils consentent à obéir à tous les ordres du Seigneur quoiqu'il en coute.
      d. D'autres peuvent le constater.

Récapitulation des versets

Leçon 1
Car nous sommes son ouvrage, ayant été créés en Jésus-Christ pour de bonnes œuvres, que Dieu a préparées d'avance afin que nous les pratiquions. Ep.2 :10

Leçon 2
Dieu créa l'homme à son image, il le créa à l'image de Dieu, il créa l'homme et la femme. Ge.1 :27

Leçon 3
Vous me chercherez et vous me trouverez si vous me cherchez de tout votre cœur. Je.29 :13

Leçon 4
Et après l'avoir conduit dehors, il dit : Regarde vers le ciel, et compte les étoiles, si tu peux les compter. Et il lui dit : Telle sera ta postérité. Ge. 15 :5

Leçon 5
Réponds-moi, Eternel, réponds-moi, afin que ce peuple reconnaisse que c'est toi, Eternel qui es Dieu, et que c'est toi qui ramènes leur cœur ! 1R.18 :37

Leçon 6
Lorsque Daniel sut que le décret était écrit, il se retira dans sa maison, où les fenêtres de la chambre supérieure étaient ouvertes dans la direction de Jérusalem ; et trois le jour il se mettait à genoux, il priait et il louait son Dieu comme il le faisait auparavant. Da.6 :10

Leçon 7
Père, si tu voulais éloigner de moi cette coupe! Toutefois, que ma volonté ne se fasse pas, mais la tienne. Lu. 22 : 42

Leçon 8
Lève-toi, Eternel, sauve-moi mon Dieu ! Car tu frappes à la joue tous mes ennemis, tu brises les dents des méchants. Ps.3 : 8

Leçon 9
L'Eternel dit a Moise : Monte vers moi sur la montagne et reste là ; je te donnerai des tables de pierre, la loi et les ordonnances que j'ai écrites pour leur instruction. Ex. 24 :12

Leçon 10
Je suis le cep, vous êtes les sarments. Celui qui demeure en moi et en qui je demeure porte beaucoup de fruit, car sans moi vous ne pouvez rien faire. Jn.15 :5

Leçon 11
Moise et Aaron convoquèrent l'assemblée en face du rocher. Et Moise leur dit : « Ecoutez donc rebelles ! Est-ce de ce rocher que nous vous ferons sortir de l'eau? » No.20.10

Leçon 12
Et il ne savait pas que la peau de son visage rayonnait parce qu'il avait parlé avec l'Eternel. Ex.34 : 29b

Série II

Comment sauver Votre mariage en péril

Avant-propos
Combien d'entre vous s'embarquent dans le mariage avec la ferme conviction d'y trouver le bonheur! Vous voilà déçu, au point de penser aujourd'hui au divorce! Si vous acceptez de rester encore dans ces liens, c'est à cause de votre croyance religieuse, de vos enfants mineurs ou bien à cause des problèmes financiers demeurés jusqu'ici insolubles[29]. D'autres y restent encore dans l'espoir que ça ira mieux dans l'avenir. Quel que soit votre option, si vous voulez maintenir les rapports conjugaux, vous devez prendre des mesures positives de nature à changer le climat émotionnel de votre mariage. Nous sommes ici pour vous aider à traverser le brûlant désert[30]. Il y a de l'espoir, à condition de vous mettre d'accord avec nous pour regarder les choses de plus prêt. Allons-y ensemble.

L'auteur

---

[29] Insoluble adj. Qu'on ne peut dissoudre. Qu'on ne peut résoudre. Problème insoluble
[30] Le brûlant désert : Les péripéties dans le mariage

Leçon 1
Le mariage en péril

Textes pour la préparation: Ps.118:1-18; 121:1-6; Pr.20:25; Mal.2:16-17; Ac.24:16; 2Co.5:17; Ep. 6:2; Ph.3:13-14; Col.3:1-3, 13; 1Ti.5:8; He.12:1; Ja.1:13
Versets à lire en classe: Ps.118: 13-18
Verset de mémoire: Je ne mourrai pas, je vivrai, et je raconterai les œuvres de l'Eternel. Ps.118:7
Méthodes: Discussion, comparaisons, questions
But: Aider les couples à se libérer de certaines mentalités qui pourraient être fatales à leurs relations conjugales

Introduction
Si la barque de votre mariage est en péril, vous devez faire face aux réalités avec un esprit objectif. Comment?

I. **Vous devez vous libérer de certaines vieilles mentalités.** Quand vous dites par exemple:
1. **Je suis victime de l'influence du milieu.**

   Indirectement, vous blâmez vos parents pour votre attitude et vous les rendez responsables des conséquences de vos actes. Si vous pensez ainsi, vous allez sombrer dans le désespoir et la dépression.

   David dit: «Tu me poussais pour me faire tomber, *en d'autres termes, tu cherchais à m'influencer,* mais l'Eternel m'a secouru.» Ps. 118:13
   a. Et que faites-vous de votre conscience qui devrait éclairer vos décisions? Ac.24:16
   b. Que faites-vous de votre intelligence pour vous aider à comprendre votre situation?

    c. Que faites-vous de votre libre-arbitre[31] pour décider de tout à la lumière du Saint Esprit?
    d. Il faut admettre que votre milieu peut vous influencer mais il ne doit jamais vous contrôler. Qui aurait cru qu'une plante profite au milieu des décombres? Votre mariage peut donc survivre au milieu des difficultés. Il suffit de savoir tourner la mauvaise situation à votre avantage.
    e. Puisqu'il en est ainsi, soyez responsable de vos actes.

2. **Mon partenaire est incorrigible.**
Si les expériences de la vie ne le changent pas, Jésus peut, car si quelqu'un est en Christ, il est une nouvelle créature. 2Co.5:17

3. **Je n'ai que deux options**: me résigner à végéter dans la médiocrité ou divorcer.
    a. Ecoutez: La victoire est aux lutteurs et non aux résignés. N'enterrez pas votre vie dans le passé. L'apôtre Paul dit: «Oubliant ce qui est en arrière et me portant vers ce qui en avant, je cours vers le but pour remporter le prix. Phil.3:13-14
    b. Souvenez-vous de David. Il crut que la réponse aux vrais problèmes doit venir d'en haut. Ps.121:1
    c. Vous devez enfin avoir une raison pour vivre: «Je ne mourrai pas, dit-il, je vivrai, parce qu'il me faut publier les bienfaits de Dieu envers moi.» Ps.118:17

---

[31] Libre-arbitre nm. Capacité dont l'homme est doté pour décider de tout avec son entière volonté.

Quelle bonne manière de penser !
4. **Nous avons trop de lacunes[32] à combler dans notre relation.**
Avouez-le: Les dommages viennent des deux côtés. Si vous avez des intérêts communs à sauvegarder[33], il vous faut savoir négocier. Le mariage ainsi que le divorce ne sont pas des décisions à prendre à la légère. Elles coutent énormément et chacune d'elles a son prix. Réfléchissez longuement avant de faire abandon du toit conjugal. Pr. 20:25
5. **Ma situation est incurable[34].** Voilà le danger !
   a. Ce genre de pensée mène à la dépression et parfois au suicide. Vous aurez trop de monde à décevoir par votre lâche décision ! Hé.12:1
   b. Vos enfants seront frustrés[35], exposés à la drogue et au crime. Paul vous estimera pire qu'un païen. 1Ti.5:8
   c. L'assistance aux vieux parents sera compromise. Vous êtes leur sécurité sociale[36]. Ep.6:2

---

[32] Lacune n.f. Défaillance
[33] Sauvegarder v.t. Protéger
[34] Incurable adj. Qui ne peut être guéri.
[35] Frustré adj. Déçu dans son attente.
[36] Sécurité sociale: Expression pour signifier le support en tout genre dans les vieux jours.

II. **Ce qu'il faut retenir**:
1. Vous devez prendre la responsabilité de vos propres pensées, de vos propres sentiments et de vos propres actions. Evaluez honnêtement votre cas et ne blâmez ni Dieu ni les hommes pour votre malheur. Ja. 1: 13
2. Si vous agissez selon vos sentiments, votre action sera une partie du problème plutôt qu'une partie de la solution.
3. D'ailleurs, avez-vous déjà essayé l'amour, la tolérance et la patience? Col.3: 13
4. Vous pensez à un divorce? Il n'a jamais été la bonne solution, peu importe la raison. Vous avez invité vos amis au mariage; pourquoi pas au divorce? C'est parce que Dieu le hait. Quant à la société, elle en est dérangée. Mal. 2:16

Conclusion

Avec ces vieilles mentalités, vous venez de créer votre propre prison. Ce n'était, certes pas, une décision automatique mais le remède ne le sera non plus. Asseyez-vous et ***regardez en haut. Col.3:1***

Questions

1. Quelles sont les vieilles mentalités qui peuvent détruire un mariage?
   a. Dire qu'on est victime de l'influence du milieu.
   b. Croire que son partenaire est incorrigible.
   c. Croire qu'on doit se résigner ou divorcer.
   d. Croire qu'on a trop de lacunes à combler.
   e. Croire que le mal est incurable.
2. Que faut-il retenir?
   a. Que chacun prenne la responsabilité de ses actes.

b. Que nul n'écoute la voix de ses sentiments.
c. Qu'on essaye l'amour, le pardon et la patience
d. Que Dieu hait le divorce
e. Que la société en est dérangée.
3. Quelle est la lâcheté à ne pas commettre?
   Croire que les autres sont responsables de vos actes.
4. Quelle est la pensée négative à rejeter?
   Dire que votre partenaire est incorrigible.
5. Quelle est la phase la plus dangereuse?
   Croire que le cas est perdu.
6. Remplissez les intervalles : Aucune _____ ne vous est survenue qui n'ait été _____ et Dieu qui est _____ ne permettra pas que vous soyez _____ mais avec la tentation _____ d'en sortir afin que _____ supporter. 1Co.10 :13

Leçon 2
Les cinq grandes réalités dans la vie conjugale

Textes pour la préparation : Ge.4:4-8; 1S.25: 10-12, 25-34; Es.59:2; Ez.18:20; Jn.1:29, 35; 3:16; 1Co.10:13 Ro.5:8; Ep.5:25; Ph.4:6-8; Tit.2:4
Versets à lire en classe : 1Co.10:1-13
Verset de mémoire : Aucune tentation ne vous est survenue qui n'ait été humaine et Dieu qui est fidèle ne permettra pas que vous soyez tenté au-delà de vos forces, mais avec la tentation il préparera aussi le moyen d'en sortir afin que vous puissiez la supporter. **1Co.10:13**
Méthodes : Discussion, comparaisons, questions
But : Aider les couples à faire face aux grandes réalités dans le mariage.

Introduction
Le mariage ne devrait pas être l'affaire des lâches ni des orgueilleux, mais des gens responsables. Asseyez-vous un moment et *regardez en vous* avec honnêteté. Dites-vous ceci:

I. **Je suis responsable de ma propre attitude.**
  1. Les problèmes sont inévitables. Si vous en avez, remerciez Dieu. Seuls les fous et les morts n'en ont pas. Vous n'êtes ni l'un ni l'autre. Vous devez donc choisir de gérer vos problèmes pour qu'ils ne vous dominent pas. Dieu ne permettra pas que vous soyez tenté au-delà de vos forces». Voilà la bonne attitude à adopter! 1Co.10:13
  2. La pensée négative tend à engendrer une action négative. Plus vous vous concentrez sur la gravité de la situation, plus elle s'aggrave et peut

devenir irrémédiable. L'apôtre Paul vous dira: Ne vous inquiétez de rien, mais en toutes choses, présentez vos besoins à Dieu par des prières et des supplications, avec des actions de grâces. Il *est* la solution. Phi.4: 6

II. Mon attitude détermine ma façon d'agir.
1. Si vous êtes pessimiste[37] sachez que votre comportement et vos actions le seront aussi.
   Voyez comment un certain Nabal a mal reçu les envoyés de David. 1S. 25: 10-12
   Cependant Abigail, une femme lucide, a pu redresser la situation pour la sauvegarde de leur foyer et de leurs biens! 1S.25: 25-28, 32-34

III. Je dois dominer mes sentiments
1. Si vous permettez à votre émotion négative de contrôler votre comportement, vous deviendrez encore plus négative et même méchant. S'il l'avait bien compris, Caïn n'aurait pas tué son frère Abel. Ge. 4:4-8
2. Vous devez reconnaitre quand vous êtes de mauvaise humeur; mais ce n'est pas une raison de perdre le contrôle de vos actions. L'apôtre Paul vous dirait: «Que tout ce qui est juste, honorable, digne d'approbation soit l'objet de vos pensées». Phil.4: 8

IV. Je dois honnêtement admettre mes erreurs.
1. Chaque erreur non confessée et chaque faute non pardonnée est un bloc ajouté au mur de

---

[37] Pessimiste adj et n. Qui voit les choses seulement que par leurs mauvais côtés.

séparation entre le mari et la femme. Ce mur va devenir un obstacle à l'intimité conjugale. Il met aussi une cloison entre Dieu et vous pour l'empêcher de vous écouter. Es.59 :1-2
2. Vous devenez plus grand en confessant une faute au lieu de la cacher avec des excuses. Jésus était venu mourir pour les péchés et non pour des excuses. Jn.1: 29, 35
3. Ne prenez pas l'échec de votre conjoint comme une explication pour vos propres échecs. Vous devez prendre l'entière responsabilité pour votre échec et pour ses conséquences. Ez. 18:20

V. **Je dois choisir d'aimer pour garantir le bonheur dans mon foyer.**
1. Le vrai amour n'est pas une émotion mais une attitude. Il s'agit pour chacun de démontrer un comportement approprié.
    a. Jésus nous aime et le prouve en se sacrifiant pour nous. Jn 3: 16; Ro.5:8
    b. Paul a recommandé aux hommes d'aimer leur femme et aux femmes âgées, *d'apprendre* aux jeunes femmes à aimer leur mari et leurs enfants. Puisqu'il en est ainsi, l'amour peut être *appris*, car il n'est pas une émotion. Ep.5: 25; Tit.2: 4.

Conclusion

Dans le mariage c'est le «qui perd gagne». Perdez de votre orgueil pour récolter de l'amour.

Questions

1. Citez les 5 grandes réalités dans la vie conjugale
   a. Je suis responsable de ma propre attitude.
   b. Mon attitude détermine ma façon d'agir.
   c. Mes émotions ne devraient pas contrôler mes actions
   d. Je dois honnêtement admettre mes erreurs sans me croire diminué pour autant.
   e. Je dois choisir d'aimer pour garantir le bonheur dans mon foyer.
2. Encerclez la vraie réponse
   Le mariage c'est :
   a. l'affaire des lâches
   b. l'affaire des orgueilleux
   c. l'affaire des gens responsables.
3. Cochez la vraie réponse
   Si j'ai des problèmes dans mon mariage
   a. La faute est à moi
   b. La faute est à ma femme
   c. J'avais fait un mauvais choix
   d. Je dois gérer mes problèmes.
4. Comparez l'attitude de Nabal à celle d'Abigail
   a. Nabal a eu une pensée négative fatale à son mariage.
   b. Abigail a eu une pensée positive favorable à son mariage.
5. Qu'est-ce qui avait porté Caïn à tuer Abel?
   Il a permis à son émotion négative de contrôler son comportement.
6. Perdrez-vous de votre valeur si vous admettez votre erreur? Non. Plutôt, vous en deviendrez grand.
7. Quelle est l'arme la plus puissante pour garantir le bonheur dans le foyer? L'amour

Leçon 3
Un rien qui vaut beaucoup

Textes pour la préparation : Ro.12: 10; 1Co.7:5; Col.3:1-15; 1Pi.3:7
Versets à lire en classe : Ro.12:9-18
Verset de mémoire: Par amour fraternel, soyez plein d'affection les uns pour les autres. Par honneur, usez de prévenances réciproques. **Ro.12:10**
Méthodes: Discussion, comparaisons, questions
But: Montrer comment assouplir les relations entre maris et femmes.

Introduction
Si vous sous-estimez les petites attentions dans le mariage, vous commettez la plus grande erreur. Le foyer peut être converti en un centre récréatif où les conjoints aspirent à la détente. Il leur faudra:

I. **Savoir dire merci**.
  1. Il faut savoir apprécier même les plus petites choses du conjoint. Soyez reconnaissant, dit Paul. Col.3:15
  2. Un mot de remerciement pour apprécier le repas à la maison ou au restaurant, pour la promenade à pied ou en auto, pour la voiture nettoyée, pour la layette de l'enfant, pour les beaux-parents assistés, pour le doux baiser. Je m'arrête là. Mais la liste peut aller à l'infini.

II. **Savoir écouter**.
  1. Il faut savoir donner à votre conjoint une attention sans réserve. C'est une façon de manifester la charité chrétienne. 1Pi.3:7
     a. Ce qu'il (elle) vous dit fait du sens pour lui (elle). Vous devez l'écouter. Autrement, ce n'est pas la conversation que vous

n'écoutez pas, c'est la personne que vous méprisez. Et cette attitude peut vous coûter bien cher.

III. **Savoir faire de petites surprises.**
 1. Présentez avec galanterie[38] à votre conjoint un cadeau qui veut dire: "Je pense à toi." Par honneur, dit la Bible, usez de prévenances réciproques. Ro.12:10
 2. La femme vous attend à la maison. Un rien que vous lui apportez, je dis un rien, fait briller la joie et l'amour dans son cœur. Et vous serez bien récompensé. Croyez-moi.

IV. **Savoir comprendre.**
Cherchez à lui plaire par une chose qui peut l'intéresser:
 1. Que pensez-vous de lui nettoyer sa voiture, de repeindre la maison, de faire un bon geste aux parents qui l'avait élevée. Cela, du côté de l'homme.
 2. Que pensez-vous à lui acheter son parfum, à lui arranger les mouchoirs et les chaussettes à leur endroit accessible; à lui enlever les bottes de travail tandis qu'il est extrêmement fatigué, à lui donner un baiser mouillé après sa déception au travail, à lui donner un mot d'encouragement pour lui dire que vous êtes avec lui pour le supporter? Cela, du côté de la femme.

V. **Savoir charmer.**
Je n'ai rien à vous apprendre ici. D'ailleurs, l'apôtre Paul vous conseille de ne pas vous priver l'un de l'autre. 1Co.7:5

---

[38] Galanterie n.f Politesse, courtoisie

Vous savez qu'il vous faut:
1. Embrasser votre conjoint, lui tapoter le dos, lui caresser la main,
2. maintenir des rapports sexuels réguliers pour la communion conjugale.

En résumé, vous devez chercher à connaitre quel langage votre conjoint parle dans l'amour. Ce qui lui plait ou lui déplait. Croyez-moi, cela aura une valeur énorme pour changer le climat émotionnel dans votre mariage.

Conclusion

Un mariage peut renaître. Mais lequel des conjoints va faire le premier pas? Soyez bon joueur mon ami (e) et soyez courageux.

Questions

1. Quelles sont les petites choses à retenir dans le ménage?
    a. Savoir dire merci
    b. Savoir écouter
    c. Savoir faire de petites surprises
    d. Savoir comprendre
    e. Savoir charmer
2. Que faire si la conversation de mon conjoint est ennuyeuse? Je dois quand même l'écouter.
3. Pourquoi la galanterie doit-elle faire partie de la vie au foyer? Parce qu'elle sert à assouplir les relations entre les époux.
4. Comment porter la femme à s'ouvrir au dialogue? A partir de quelque chose qui lui plait.
5. Doit-on imposer son charme au conjoint? Jamais

Leçon 4
Les six besoins fondamentaux dans le mariage

Textes pour la préparation : Ge.2:18; Jg.6:12; Pr.27:19; Mt.23:13; Ro.14: 19; 15:1-7; 1Co.7:5; 1Ti.4:8
Versets à lire en classe : Ro.15:1-7
Verset de mémoire: Nous qui sommes forts, nous devons supporter les faiblesses de ceux qui ne le sont pas et ne pas nous complaire en nous-mêmes. **Ro.15:1**
Méthodes : Discussion, comparaisons, questions
But: Encourager la bienveillance entre les conjoints.

Introduction
L'un des plus grands devoirs des couples mariés est de découvrir le tempérament, les besoins et les désirs du conjoint. Quel beau jeu de cache-cache!

I. **Cherchez à connaitre votre conjoint.**
   1. C'est obligatoire. Autrement, vous serez tous deux malheureux et vous ne pourrez jamais apporter un changement positif dans votre ménage.
   Prenons un exemple bien clair:
   a. Vous dites que votre femme veut vous contrôler, mais en fait, ne croyez-vous pas qu'elle veut juste participer dans vos décisions? Dieu vous la donne comme associée! Ge. 2:18
   b. Rappelez-vous que dans le mariage, une mauvaise décision affecte les deux. Elle n'est pas là certes, pour vous dire: «Dictée. Point. A la ligne.» Mais elle a droit de savoir ce que vous faites et de vous donner ses suggestions. Souvenez-vous que la femme a

un sens très développé chez elle: c'est son intuition[39] qui la trompe rarement. Ecoutez-la.

II. **Cherchez à découvrir son besoin d'amour**
Le besoin d'aimer et d'être aimé est commun à tous les hommes. Vous vous sentez aimé quand les gens se soucient de vous, et apprécient ce que vous faites, sinon vous vous sentez seul et parfois irrité. Le cœur de l'homme doit répondre au cœur de l'homme. Pr.27:19

III. **Cherchez à découvrir son besoin de liberté**
1. La femme tient surtout à sa liberté. Elle doit s'adapter au mode de vie de son mari, mais qu'elle ne se sente pas prisonnière.
2. Elle aime recevoir de l'argent du mari, même si elle tire un salaire de son travail. Elle a besoin de s'épanouir[40] dans un cercle ou dans une Eglise. Si vous la limitez, elle va exploser de colère.
3. Néanmoins, qu'elle se rappelle que cette liberté n'est pas une licence. Dans ce cas, le ménage va sombrer. Qu'on ne se prive point l'un de l'autre. 1Co.7:5

---

[39] Intuition n.f Faculté de prévoir, de deviner
[40] S'épanouir v.t Se développer dans toutes ses potentialités.

IV. **Cherchez à découvrir son besoin d'affirmation et d'appréciation**

L'homme en a besoin pour se sentir utile. C'est la raison d'être des applaudissements, des trophées et des diplômes.

Qu'est-ce-qui vous retient de lui dire qu'elle est plus belle aujourd'hui qu'hier? Et vous, femme, Qu'est-ce-qui vous retient de lui dire «Je suis fière de t'avoir pour mon mari?» Regardez comment l'Eternel félicite Gédéon de «Vaillant héros», lui qui ne fut jamais à la guerre. Jg. 6: 11-12

V. **Son besoin de distraction**

Même pour l'hygiène mentale, nous avons besoin de distraction. Jésus l'avait prescrit aux disciples. Mc.6 :30-31

Nous nous sentons bien après un pique-nique, quel que soit les sacrifices que cela puisse nous couter, car l'exercice corporel est utile à quelque chose. 1Ti.4:8

VI. Son b**esoin de paix avec Dieu.**

Par-delà la nourriture, le sexe et les activités, nous avons besoin de trouver la paix avec Dieu. La plus grande injure à un conjoint c'est de l'empêcher d'aller à l'Eglise. Que les restrictions n'aillent pas jusque-là. Autrement, Jésus vous traitera de pharisien hypocrite. Mt.23: 13

Reconnaissez que la vie de l'homme sans Dieu est vide.

Avant de conclure, ne voudriez-vous vous poser ces questions?

1. Quel est-ce qui motive mon conjoint?

2. Quels sont ses besoins majeurs? Dans quelle mesure puis-je les satisfaire?
3. Que faire pour lui apporter de la joie?
Si vous le faites, vous aurez imité Jésus-Christ. Il a fait ce qui peut nous satisfaire. Ro.15:1-3

Conclusion
Allez-y! Il y va de votre paix. Ro.14: 19; 15: 7

Questions

1. Citez les six besoins fondamentaux dans le mariage.
   Connaitre son conjoint, découvrir son besoin d'amour, de liberté, d'affirmation, de distraction et de paix avec Dieu.
2. Qu'arrive-t-il quand les deux conjoints ne peuvent se comprendre? Les deux seront malheureux.
3. Comment doivent-ils se manifester l'amour?
   Par l'attention et l'appréciation réciproque.
4. Comment comprendre la liberté de la femme dans le mariage?
   Qu'elle ait l'occasion de s'exprimer librement.
5. Quelle est la raison des applaudissements après un succès?
   Parce que l'homme a besoin d'être compris et apprécié.
6. Croyez-vous que les adultes ont besoin de distraction? Parfaitement. Ils ont besoin de recréer leur corps et leur esprit comme tout le monde.
7. Pourquoi l'homme doit-il satisfaire ses besoins spirituels ? Sans Dieu la vie de l'homme est vide.

Leçon 5
Le conjoint irresponsable

Textes pour la préparation : 1S.16:7;Ps. 37:5-6; Pr.15:1; 17:9; Es.1:18; Je.17:9; Ep.5: 22-30
Versets à lire en classe: Ep.5:22-30
Verset de mémoire: Maris, aimez vos femmes comme Christ a aimé l'Eglise, et s'est livré lui-même pour elle. **Ep.5:25**
Méthodes : Discussion, comparaisons, questions
But: Rappeler aux maris leur devoir dans le ménage.

Introduction
Certaines gens se marient en se persuadant que leur partenaire serait un conjoint responsable. Au fil du temps, ils arrivent à découvrir qu'ils sont seuls à tirer la charrue. De là commencent à monter la tension, l'irritation, les échanges de propos malsonnants jusqu'à la rupture. Devrait-on arriver jusque-là? Comment devrait-on aborder le problème?

I. Il faut faire le point.
Est-il vraiment un irresponsable ou l'est-il devenu? Depuis quand alors? Quelles en sont maintenant les causes? Examinez et cherchez les raisons de son attitude.

II. Allons à la source du problème.
1. Les fiançailles avaient été peut-être trop hâtives[41] au point qu'on connait la personne sur un seul aspect. On ne l'a jamais vu à l'œuvre

---
[41] Hâtif adj. Fait trop vite

pour avoir au moins une idée de ses vraies valeurs.
2. On se trompe sur les apparences et on est déçu devant la réalité. C'était l'expérience du prophète Samuel. Heureusement, Dieu a intervenu à temps. 1S.16:7
3. Votre mari peut vouloir vous traiter comme son père a traité votre mère. En ce cas, vous vous mariez à une «photocopie» de son père.
4. Il se peut, au contraire, qu'il déteste le comportement de son père et veut coûte que coûte ne pas l'imiter. Et le voilà qui prend l'autre extrême. Il ne fait rien du tout.
5. Certaines gens sont élevés avec des serviteurs et des servantes ou bien avec un complexe de supériorité et se croient souverains pontifes. Tout le monde leur doit et ils ne doivent rien à personne.
6. Le comportement de votre mari peut être bien malheureusement une expression de son ressentiment envers vous. Il fera tout pour vous déplaire et vous faire souffrir. Et tout cela parce qu'il a un besoin interne que vous ignorez, un besoin qu'il ne veut pas exprimer et que vous n'avez pas pu découvrir pour le satisfaire. Quel est ce besoin? Je l'ignore moi aussi.
L'amour? La liberté? Le besoin de s'affirmer? Le besoin d'un autre partenaire ou de Dieu? Je ne sais pas. Le cœur de l'homme est tortueux et il est méchant, dit le prophète Jérémie. Qui peut le connaître? Jé.17:9

IV. **Discipline à observer en ce sens.**
   1. Evitez les paroles blessantes et les insinuations[42] malhonnêtes et dangereuses. Si vous vous mettez à le critiquer, il aura aussi beaucoup de choses à critiquer en vous. Il va surtout retenir vos mauvaises paroles pour justifier son comportement et s'en servir pour durcir sa position. Il ne va pas changer tout de suite, car une parole amère excite la colère. Pr. 15:1
   2. Evitez de faire des commentaires sur son imperfection ou sur ses parents. Ce n'est d'ailleurs jamais charitable de révéler les fautes du prochain dans les discours de peur de provoquer l'inimitié et la division. Pr.17:9
   3. Offrez-lui de préférence votre service. S'il l'accepte, vous avez maintenant la chance de découvrir ce dont il a besoin et savoir pourquoi il agit en irresponsable.
   4. Evitez de parler à tort et à travers de votre ancien mari ou amant. Il se sentira diminué à vos yeux, il fera pire et commencera à vous haïr.
   5. Abordez-le franchement sur la question et essayez de le comprendre. Jouez carte sur table[43]. Es. 1:18
   6. Par-dessus tout, allez à la Bible. Le Psalmiste dit: «Recommande ton sort à l'Eternel, mets en lui ta confiance et il agira. Il fera paraître ta justice comme la lumière et ton droit comme le soleil à son midi. Ps.37:5-6

---

[42] Insinuation n.f manière habile d'imposer sa pensée.
43 Jouer carte sur table   Agir a découvert sans rien dissimuler.

Conclusion

Notre Dieu est un Dieu responsable. Il a fait de nous des êtres responsables. Allez à lui quand la barque du mariage tourne mal. La solution est en lui.

Questions

1. Dans cette leçon quelle est l'erreur commune à certains conjoints?
   Croire que l'autre serait un partenaire responsable.
2. Quelles sont les raisons probables de son irresponsabilité?
   a. On n'a pas connu la personne par expérience
   b. On se trompe sur les apparences
   c. Le conjoint peut vouloir imiter l'un de ses parents.
   d. Le conjoint peut, au contraire, vouloir se comporter à sa façon.
   e. Le conjoint peut avoir été dorloté.
   f. Il peut avoir une dent contre vous
   g. Il peut avoir un problème qu'il a lui-même de la peine à définir.
3. Comment considérer ce problème? Il faut
   a. L'aborder avec tact
   b. Eviter de le dénigrer
   c. Eviter de faire des commentaires sur ses parents ou sur son imperfection.
   d. Lui offrir votre service.
   e. Eviter de lui parler de votre ancien partenaire
   f. L'aborder franchement sur la question
   g. Par-dessus-tout aller à la Bible.
   h. Remplissez les intervalles:
   Une parole douce _____
   mais une parole amère_____

Leçon 6
Le conjoint trop préoccupé

Textes pour la préparation: Lu.10:40-41; Ga.5:15; Col.3:21; 1Ti.5:8
Versets à lire en classe: Lu.10: 38-42
Verset de mémoire: Le Seigneur lui répondit: Marthe, Marthe, tu t'inquiètes et tu t'agites pour beaucoup de choses. Une seule chose est nécessaire. Marie a choisi la bonne part qui ne lui sera point ôtée. **Lu.10: 41-42**
Méthodes : Discussion, comparaisons, questions
But: Montrer que l'excès en tout nuit.

Introduction
L'homme ne vit pas seulement de pain, dit Jésus. Mais beaucoup de maris ne travaillent que pour le pain et toute la famille en souffre malgré l'abondance de pain.

I. **Comment l'homme soucieux voit-il les choses?**
 1. Il travaille dur pour répondre aux besoins de sa famille. Rien ne leur manque à la maison.
 2. Il est apprécié par tous ceux qui le voient à l'œuvre et Il est respecté dans la communauté pour ses réalisations.
 3. Mais il laisse dans la vie de sa femme et de ses enfants un grand vide que personne ne peut combler.
 4. Et quand viennent les jours de la retraite où les enfants sont distants de lui et que sa femme est

vieillie de chagrin, il verra trop tard qu'il n'avait pas investi dans ce qui est le plus important.
5. Il aurait fallu tout mettre dans la balance et surtout la famille. 1Ti.5:8
Jésus dirait « Marthe, Marthe, tu t'inquiètes pour beaucoup de choses. Lu.10:40-41

II. Quel pourrait être en réalité son vrai besoin?
1. Prouver à lui-même et à tous qu'il n'est pas inférieur. C'est pourquoi il veut tout faire à la perfection.
2. Ce mari soucieux peut souffrir d'un profond sentiment d'infériorité. Il veut se prouver devant des parents qui lui disaient: «Vous êtes un propre à rien.»
3. Il est alors motivé par le besoin du véritable amour. Le message qu'il a reçu de ses parents n'était pas «Nous vous aimons», mais plutôt: «Nous vous aimons **si** vous faites ceci ou cela»
4. Il a besoin de réaliser. Donc, il poursuit sa vocation avec passion.

III. Il travaille pour éviter la confrontation
1. Il aime la concurrence, mais pas la confrontation[44].
2. Il préfère rester tard au travail pour éviter d'affronter[45] à la maison une femme qui lui fait sentir son incompétence ou lui reproche de quoi que ce soit.

---

[44] Confrontation n.f Conflit
[45] Affronter v.t. Aborder résolument

3. La femme soucieuse elle, peut choisir de rester pendant de longues heures à l'église ou à un deuxième travail. C'est une façon de fuir les réalités au foyer.
4. Dans leur obsession pour servir Dieu, certains religieux tombent dans cette catégorie.
5. Certains cherchent à tuer le temps et c'est le temps qui les tue. Ils meurent épuisés.

V. **Comment remédier à ce problème?**
D'abord, les reproches et les murmures ne collent pas. Au contraire:
1. Félicitez-le pour ses réalisations et pour sa bonne renommée dans l'opinion publique.
2. Félicitez-le pour son souci de pourvoir au besoin de la famille et des beaux-parents.
3. Promettez de l'aider selon votre disponibilité.
4. Cherchez à connaitre le motif qui l'anime et demandez-vous si vous l'avez rejoint dans ses aspirations ou si vous aviez aggravé le problème. Là, il faut promettre d'amender votre conduite.
5. Demandez-vous aussi si vous ne devez pas changer votre propre attitude pour mieux comprendre votre partenaire.
6. Rappelez-vous que vous ne pourrez jamais changer votre partenaire mais vous pourrez au moins l'influencer dans la bonne direction.
7. Evitez de vous mordre ou de vous dévorer l'un l'autre pour ne pas vous détruire l'un par l'autre. Ga. 5: 15
8. Sachez que l'enfant qu'on irrite, peut se décourager. Il en est de même du partenaire qu'on harcèle. Col.3:21

Conclusion

Songez que vous faites partie de la même équipe. Vous avez des adversaires communs. Tachez de regarder dans la même direction. Avec Jésus pour capitaine, la bataille est déjà gagnée.

Questions

1. Ecrivez le verset suivant en soulignant les verbes clés et leur complément. 1Ti.5:8
2. Que fait le mari trop soucieux?
    a. Il travaille pour que rien ne manque à la maison.
    b. Il travaille pour être honoré et respecté.
3. Quel est l'inconvénient à son excès?
    a. Il ne donne pas assez d'attention à sa famille.
    b. Il n'est pas aimé pour autant de sa femme et de ses enfants.
4. Quels sont probablement ses vrais besoins?
    a. Il se recherche lui-même.
    b. Il a besoin d'être apprécié, applaudi.
    c. Il aime la concurrence.
    d. Il veut éviter la confrontation.
5. Comment aborder ce problème?
    a. Le féliciter pour ses réalisations.
    b. Le féliciter pour son souci à l'endroit de la famille.
    c. Chercher à connaitre le motif qui l'anime.
    d. Lui offrir votre coopération.
    e. Eviter de vous fâcher; autrement il enverra tout le monde au diable.
6. Que doit-on se rappeler?
    a. Que le partenaire n'est pas un adversaire.

b. Qu'on est dans la même équipe.
c. Que les ennemis à combattre sont plutôt devant nous, mais ils ne sont pas nous.
7. Ecrivez Gal.5:15 en encerclant les verbes

Leçon 7
Le conjoint indiscret[46]

Textes pour la préparation: Ge.2:18; Pr.12:15; 1Co.12: 4-11; Ep.5:22-33; 6:4; 1Pi.3:7
Versets à lire en classe : Ep.5:22-33
Verset de mémoire: L'Eternel Dieu dit: «Il n'est pas bon que l'homme soit seul; je lui ferai une aide semblable à lui.» **Ge.2:18**
Méthodes : Discussion, comparaisons, questions
But: Chasser les causes de tensions inutiles.

Introduction
Rien ne rend la vie plus insupportable que de cohabiter avec un partenaire curieux: il veut tout savoir et tout contrôler. Cette attitude se manifeste de différentes façons:

I. **Dans les relations personnelles**
1. Il veut savoir où vous avez été et ce que vous aviez fait. Il peut même vous épier[47].
2. Il doit savoir qui vous accompagnait dans le train ou dans le bus.
3. Il doit avoir un compte-rendu de vos dépenses pour vos parents ou même pour un don fait à quelqu'un.
4. C'est à lui d'avoir la décision finale soutenant que «le mari est le chef de la femme». Ep.5:23

---

[46] Indiscret adj. Qui révèle ce qu'on devrait taire.
[47] Epier v.t. Surveiller attentivement et secrètement

II. Dans vos relations de travail

1. Il doit enquêter sur tous les détails de votre lieu de travail qui n'a rien à voir avec votre vie en ménage.
2. Vous devez lui apporter le chèque de travail. Il vous traite de gaspilleuse. C'est un prétexte pour qu'il gère tout l'argent.
3. Si vous voulez lui faire un cadeau, c'est à lui qu'il faut demander l'argent. Quelle indécence!

III. L'inconvénient de son système

1. La personnalité dominante est toujours prête à argumenter[48] et vous convaincre qu'elle a toujours raison.
2. Elle utilise parfois l'intimidation comme une arme pour atteindre son objectif.
3. Quant à la femme contrôleuse, elle utilisera l'audace, l'énervement, les pleurs, des manies, la volubilité[49] de langage, le mensonge, et même toutes sortes de trucs pour tout savoir du mari.
4. Le mari contrôleur de son coté, utilisera sa grosse voix, son magister dixit[50] et ses menaces pour intimider sa femme.

IV. Où les retrouve-t-on?

1. Parmi les célibataire endurcis qui se marient, mais à un âge avancé.
2. Parmi les gens élevés pour leur compte.

---

[48] Argumenter v.i Tirer des conséquences
[49] Volubilité n.f Abondance et rapidité dans le langage
[50] Magister dixit *Exp. Lat.* Argument sans réplique

3. Parmi des fils uniques élevés avec la prétention d'avoir le monde entier à leur service. Ils sont d'une rigidité inflexible. Ils accomplissent beaucoup de choses dans la société et la communauté .Malheureusement ils sont de piètres[51] conjoints dans le ménage.

V. Comment considérer cette situation

1. Ces couples auront nécessairement besoin de voir un conseiller matrimonial et d'assister ensemble aux séminaires sur le mariage. Celui qui écoute les conseils est sage, dit le roi Salomon. Pr.12:15
2. Le mari doit savoir qu'il est le chef et non le bourreau de la femme. Celle-ci partage avec vous la table, le lit mais aussi les idées. Ge. 2: 18
3. Jésus est le chef de l'Eglise qui est son corps et dont il est le Sauveur. Il lui donne toute liberté d'opération et il lui confère des dons appropriés. 1Co.12:4-11
4. Votre femme n'est pas une handicapée au point de retenir votre mariage sur une « chaise roulante ». Laissez votre femme libre pour partager vos décisions pour le bien même du ménage. Ge.2:18
   a. En effet, pourquoi deux carnets de banques?
   b. Pourquoi mettre les frais de nourriture sur la table chaque matin avant votre départ?
   c. Pourquoi revient-il à vous de décider des couleurs, des loisirs, des sorties, de la

---

[51] Piètre adj. Médiocre

longueur des prières et des chants? Vous faite ainsi tort à vous-même et à votre entourage. N'irritez pas votre enfant, et votre femme non plus. Ep.6:4

Conclusion

Mari, montrez de la sagesse dans vos rapports avec votre femme. Qu'il en soit ainsi afin que rien ne vienne faire obstacle à vos prières. 1Pi.3: 7

Questions

1. Qu'entendons-nous par partenaire indiscret?
   Il veut tout voir, tout savoir et tout contrôler.
2. Comment se manifeste son indiscrétion?
   a. Il vous met chaque jour sur la sellette.
   b. Il vous prive de votre liberté d'action
3. Que fait-il pour garder tout sous son contrôle?
   a. Il vous intimide
   b. Il argumente et tient à avoir toujours le dernier mot.
   c. Il utilise la manipulation par les pleurs, la grosse voix.
   d. Il ne vous donne pas le temps de placer même un mot.
4. Où les retrouve-t-on?
   a. Parmi les célibataires endurcis qui se marient trop tard.
   b. Parmi les gens élevés pour leur compte.
   c. Parmi les fils uniques dorlotés par leurs parents.
5. Que peut-on leur suggérer?
   a. De participer dans des conférences sur les couples mariés.

b. De leur rappeler que la femme est une aide et non une esclave.
c. Que la femme doit avoir toute sa liberté pour le bien-être du foyer.

Leçon 8
Le conjoint réticent[52]

Textes pour la préparation: Ps.37:5; Pr. 10:19; 15:1; Mt. 26: 37-38; Jn.2:14-16; Ro.2:14
Versets à lire en classe: Pr.10:19; 11:12
Verset de mémoire: Celui qui méprise son prochain est dépourvu de sens; mais l'homme qui a de l'intelligence se tait. **Pr. 11:12**
Méthodes: Discussion, comparaisons, questions
But: Dégeler la glace de l'indifférence entre les époux.
Introduction
Si le mari indiscret veut tout savoir, le mari réticent ou discret refuse de communiquer. La maison devient un véritable cimetière pour la femme. Elle aime parler et elle doit parler. Comment va-t-elle traiter avec un tel mari?

I. **Il savait parler, bien sûr.**
   Autrement, comment avait-il pu vous courtiser jusqu'à vous marier? Comment avait-il fait pour avoir des enfants? D'où vient son silence? C'est là le nœud gordien à trancher.

II. **Les causes probables du silence.**
   Nous disons «des causes probables» car nous pouvons errer dans nos considérations.
   1. Il peut penser que «confier ses problèmes» à des tiers est un signe de faiblesse.
   2. Il peut vouloir éviter des tempêtes d'une femme bruyante et bavarde.

---

[52] Réticent adj. Omission volontaire de quelque chose qu'on devrait ou qu'on pourrait dire

3. Il peut vouloir garder au secret certaines déceptions.
4. Il se peut qu'il garde une dent contre vous ou bien qu'il ait des problèmes de conscience difficiles à avouer.

III. **Conséquences**
1. La colère étouffée, la frustration fortifiée par l'orgueil masculin peut déboucher sur un éclatement horrible pour donner lieu au divorce et même à l'homicide[53] ou au suicide.[54]
2. Les enfants seront les premières victimes.
3. Le nom de Jésus sera blasphémé devant les païens à cause de lui. Ro.2:24

IV. **Ce qu'il faut rechercher**
1. Chercher à entrer dans la peau du conjoint, je veux dire dans son «intérieur» pour connaitre son vrai besoin.
    a. Le conjoint peut avoir besoin d'une affection absolue alors que sa femme se fait l'amie de tout le monde.
    b. Il n'a pas pu trouver en elle la compréhension ou bien l'acceptation reconnues indispensables dans les relations humaines. Un conjoint évoluant au milieu du blâme se sent désarmé et perd l'enthousiasme pour créer. Il est désarmé, déçu, découragé et peut développer du chagrin et même des troubles

---

[53] Homicide n.m. assassin, meurtrier
[54] Suicide n.m Acte de se donner soi-même la mort

psychosomatiques[55] comme la tension artérielle, l'ulcère d'estomac, l'asthme et le diabète.
V. **Ce qu'il faut absolument rechercher**
1. Il faut s'arranger pour affronter un partenaire silencieux.
2. Il faut être sincère pour promettre d'amender votre conduite si vous en êtes la cause.
3. Donner la priorité à l'amour et négliger l'attitude négative.
4. Reconnaitre que la frustration du conjoint et ses souffrances sont légitimes. Jésus était en colère contre les vendeurs du temple. Il était déprimé au jardin de Gethsémani avant d'affronter la mort sur la croix. Sa colère révélait son souci de justice et de droiture. Cependant, il n'a pas permis à sa dépression de contrôler son comportement et de le porter à mal agir. Mt. 26:37-38; Jn.2:14-16

III. **Comment traiter avec de pareils gens.**
1. Il vous faudra avoir quelqu'un pour partager votre douleur. Ps.37:5
2. Il vous faudra éviter des mots durs qui détruisent le processus de réconciliation. Pr.15:1
3. Si vous avez laissé la maison, envoyez-lui une note bien claire dans laquelle vous exprimez vos sentiments en prenant la précaution de ne pas lui dire des sottises. Envoyez-la-lui dans un format spécial et sans ratures.

---

[55] Psychosomatique adj. Se dit d'un trouble organique ou fonctionnel d'origine psychique

4. S'il le faut, posez des questions comme celle-ci
   a. Chéri, que pensez-vous de notre relation?
   b. S'il dépend de moi, Je suis disposée à coopérer à cent pour cent pour normaliser la situation.
   c. Qu'attendez-vous de moi pour que tout s'améliore?
   d. Votre silence passe pour un mépris à ma personne. Je suis prête à réparer mes torts, quel qu'ils soient, volontaires ou non. Mais je tiens à votre coopération.
   e. Je ne vais pas me défendre. Croyez-moi. Je veux seulement vous rejoindre là où il m'est impossible de pénétrer sans votre permission.
   f. Vous êtes important pour moi. Je tiens à votre amitié et votre amour si vous daignez encore les partager avec moi.

Conclusion

Cher ami, Jésus était déprimé comme vous. Mais il se faisait assister de deux amis pour le supporter dans son angoisse. Qui avez-vous maintenant? Mt.26: 37

Questions

1. A quoi comparer une maison sans femme? A un cimetière
2. Pourquoi? Parce que la femme aime parler.
3. Comment traiter avec un partenaire discret?
   Il faut chercher les causes probables de son silence.
4. Quelles en sont les causes probables?
   a. L'orgueil masculin. Il peut croire que se confier à quelqu'un est un signe de faiblesse.
   b. Il ne tolère pas le bavardage

c. Il peut avoir gardé rancune à son conjoint.
5. Quelles sont les conséquences probables de cette attitude?
   a. Des troubles psychosomatiques
   b. La frustration, la colère, la violence, le divorce et le crime.
   c. L'abandon des enfants
   d. Le chagrin
   e. Le nom de Jésus est blasphémé parmi les païens.
6. Que faut-il rechercher?
   a. Chercher à comprendre la personne et à l'accepter.
   b. Poser le problème ensemble sans jeter le blâme sur personne.
   c. Montrez-vous aimable et disposé à coopérer.

Leçon 9
Le conjoint outrageux[56]

Textes pour la préparation: Pr.26:5; Mt.5:11-12; 1Co.7: 3; Ep.5:23
Verset à lire en classe: Mt.5: 4-12
Verset de mémoire: Heureux serez-vous lorsqu' on vous outragera, qu'on vous persécutera, et qu'on dira faussement de vous toute sorte de mal à cause de moi. **Mt.5: 11**
Méthodes: Discours, comparaisons, questions
But: Aider le conjoint victime à émerger d'une situation désastreuse.

Introduction
Avec cette leçon nous entrons dans une jungle où l'amour n'est plus. Le tonnerre des mots cruels, blessants et meurtriers a déjà dévasté le mariage. Nous sommes venus pour en constater les dégâts.

I. Enumération des dégâts.
1. Le respect est détruit; partant, l'amour qui le conditionne n'est plus lui aussi.
2. La confiance est détruite; partant, l'admiration et l'intimité qu'elle devait engendrer ne sont plus.
3. Cependant la plupart d'entre nous peuvent «perdre le sang-froid" et dans un moment de colère, il nous arrive de prononcer des paroles dures et regrettables. Un peu de maturité spirituelle nous aiderait à nous ressaisir et

---

[56] Outrageux adj. Qui porte atteinte à la dignité de la personne par des paroles blessantes.

demander pardon à notre conjoint. Et la vie pourra continuer.

II. Pourquoi ce comportement.
C'est à cause d'un esprit pessimiste.
1. Le conjoint se croit parfait et pour cela il traite son partenaire de sot, de nul. Il le lui dit en face.
2. Il la compare à une ancienne amante pour l'humilier. Et il le lui dit en face.
3. Il blâme l'incompétence de ses anciens professeurs que peut-être il ne connait même pas. Il lui crache tout cela au visage.
4. Ainsi il l'humilie et veut coute que coute avoir le dernier mot dans les débats.

Lorsque la vie devient intolérable avec un tel mari, il est fortement conseillé à la femme de lui proposer qu'elle passe un séjour ailleurs en lui laissant la charge des enfants. Entre temps, elle écrira au mari:
   a. Pour lui rappeler les raisons qui l'avaient amenée à ce mariage, les bons souvenirs qui peuplaient leur passé amoureux, les progrès qu'on a pu réaliser ensemble.
   b. Pour lui dire combien cela devrait lui faire mal de vous offenser à cause d'un problème intérieur non résolu et pour lequel elle doit payer « le pot cassé ».[57]
   c. Pour lui dire que vous ne pourrez non plus l'aider s'il croit devoir vous faire souffrir ou vous détruire avec des paroles amères. Vous êtes humain et vous avez

---

[57] Payer le pot cassé. Subir les conséquences

des limites. Vous ne pourrez indéfiniment tout supporter. Vous devez l'aviser que vous allez consulter soit le pasteur, soit les témoins de vos noces, soit un ami commun ou un conseiller en matières conjugales.

III. **Ce qu'il vous faut savoir**:
1. Si vous tolérez votre mari dans sa violence verbale, il croira qu'il vous fait une faveur à rester avec vous dans le mariage. La Bible nous recommande de répondre à l'insensé selon sa folie afin qu'il ne se regarde pas comme sage. Pr.26: 5
2. Sachez aussi que derrière ce tigre assoiffé de sang, il y a l'agneau que vous admiriez autrefois. Votre rôle est d'affamer[58] ce tigre et de nourrir l'agneau caché en lui. Quel job!
3. Pas de vengeance, pas de capitulation[59]; encore moins, ne fermez pas les yeux sur le problème. Déférez plutôt à ses moindres désirs amoureux avec beaucoup d'intérêt. En gros, jouez bien votre rôle de femme. 1Co.7: 3
4. N'oubliez pas que Jésus promet le bonheur et des récompenses exceptionnelles pour tous ceux-là qu'on outrage, qu'on persécute à cause de son nom. Mt.5: 11-12

Conclusion
Femmes, restez femmes, soumises chacune à son mari. Le foyer bicéphale est un monstre horrible. N'effrayez personne et surtout votre mari. Ep.5:23

---
[58] Affamer v.t Faire souffrir de la faim
[59] Capitulation n.f Action de cesser toute résistance

Questions

1. Comment le conjoint outrageux se comporte-t-il?
   a. Il vous humilie et croit toujours avoir raison.
   b. Il croit que tout ce que vous faites est mauvais.
   c. Il ne vous manifeste ni l'amour, ni le respect.
2. Pourquoi se comporte-t-il ainsi?
   A cause de son esprit pessimiste
3. Quels sont les dégâts que peuvent causer ce comportement ?
   La destruction du respect, de l'amour, de la confiance et l'admiration.
4. Que conseiller à la femme en pareil cas?
   a. Proposer au mari qu'elle passe un séjour loin de la maison.
   b. Qu'elle lui écrive une lettre pour lui rappeler leur passé, leurs réalisations à deux et sa décision de ne plus tolérer aucun mauvais traitement. Autrement, elle sera obligée de voir un conseiller en matières conjugales.
5. Que doit-elle éviter?
   a. De tolérer la violence du mari.
   b. De flatter son instinct sauvage.
   c. De se venger ou de faire abandon.
   d. De répondre du tac au tac.
6. Que doit-elle faire au contraire ?
   a. Agir avec douceur.
   b. Ouvrir les yeux sur le problème pour en trouver la solution.
   c. Jouer son rôle de femme et d'épouse jusqu'au bout.

Leçon 10
Le conjoint violent

Textes pour la préparation: Ex.20:13; Es.5:18-20; 1Co.7: 10-11; Ga. 5: 19-21; 1Pi.3: 1-7
Versets à lire en classe: 1Pi.3:1-7
Verset de mémoire: Maris, montrez à votre tour de la sagesse envers votre femme, comme avec un sexe plus faible. **1Pi.3: 7a**
Méthodes: Discussion, comparaisons, questions
But: Protéger un conjoint contre la brutalité de son partenaire.

Introduction
La violence domestique est devenue un fléau[60] incontrôlable affectant des millions de femmes et d'hommes chaque année avec des conséquences dévastatrices sur les enfants. Il peut s'agir de violence physique, émotionnelle ou d'abus sexuel.

I. Comment définir la violence physique:
1. Tout acte comportant des coups, des bousculades, de la suffocation[61], des objets lancés contre la personne, des gestes à main libre ou à main armée.
2. La gravité de la violence physique varie de la gifle[62] à l'homicide. Si la violence verbale peut tuer l'âme, la violence physique, elle, peut éventuellement tuer la personne. Ex.20:13

---
[60] Fléau n.m Grande calamité
[61] Suffocation nf. Fait de perdre la respiration
[62] Gifle n.f. Coup donné à quelqu'un avec la main ouverte

II. **Comment définir la violence émotionnelle**
  1. Toutes paroles blessantes, toute attaque à la dignité, toute attitude méchante ou menaçante pour accabler la personne constituent un acte de violence émotionnelle.
  2. Le conjoint dramatise toutes les situations de famille et cherche à culpabiliser son partenaire de manière à le diminuer et à lui donner le dégoût de la vie.
  Ga.5: 19-21

III. **Comment définir l'abus sexuel**
  Toute expression sadique dans les relations sexuelles dans l'intention de torturer la personne, tout artifice employé pour manifester son esprit mâle pour traiter la personne comme on traite une prostituée, entrent dans la catégorie d'abus sexuel.
  Es.5:20

IV. **Quelle est l'origine de cette violence?**
  1. La femme aurait pu être trop tolérante. Ainsi son mari l'abuse. Es.26:10
  2. Les reproches à sa conduite peuvent être efficaces pour un moment, mais le cycle de la violence peut se répéter soudainement.
  3. Elle peut avoir peur d'en faire part à autrui parce que la situation peut s'aggraver avec un mari vindicatif et trop personnel.
  4. Elle peut être économiquement dépendante et ne sait où aller avec des enfants mineurs.

V. Comment remédier à la situation

1. Il faut absolument qu'elle consulte son pasteur ou bien un conseiller matrimonial. Es.26:20
2. Elle peut séjourner ailleurs en donnant préavis au mari qu'elle ne reviendra plus s'il croit devoir continuer ainsi. 1Co.7:10-11.
3. Le mari doit apprendre à gérer son accès de colère s'il veut continuer la vie en ménage. Ja.1 :20
4. Après cette absence de la femme, ils peuvent se rencontrer quelquefois pour un repas à deux.
5. La femme doit créer chez cet homme un désir ardent d'amour et le porter à promettre d'amender sa conduite.
6. Cependant, Il doit s'engager à respecter sa liberté, sa personnalité et ses valeurs de femme. Elle doit insister pour qu'il la rejoigne cette fois-ci dans la relation avec Dieu. Je ne dis pas de le forcer à se convertir, mais au moins de l'accompagner dans ses devoirs religieux.

Conclusion

Si quelqu'un est en Christ, il est une nouvelle créature. La violence d'autrefois est passée et l'amour conjugal reviendra de plus belle. Allez-y!

Questions

1. Citez-nous des domaines de violence domestique. La violence physique, émotionnelle et sexuelle.
2. Comment définir la violence physique?

Tout acte comportant des coups à main libre ou à main armée.
3. Comment définir la violence émotionnelle?
   Toutes paroles blessantes, toutes menaces pour accabler la personne.
4. Comment définir la violence sexuelle?
   Toutes les manœuvres pour faire souffrir le conjoint dans son corps et de manière à l'avilir.
5. D'où vient cet esprit de violence?
   a. De l'homme dénué de toute éducation sexuelle.
   b. De la tolérance de la femme aux abus de l'homme.
6. Comment remédier à cette situation?
   a. La femme peut consulter son pasteur ou un conseiller en matière matrimoniale.
   b. Elle peut prendre les dispositions pour se séparer momentanément du mari afin de protéger sa vie.
   c. Le mari doit promettre d'amender sa conduite et de respecter la personnalité de sa femme.
   d. La femme doit mener une vie de prière. Ph.4:6
7. Remplissez les intervalles dans le verset de 1Pi.3:1
   Maris, montrez à votre tour _____
   _____ avec votre femme, comme avec _____; honorez-la comme
   Devant _____. Qu'il en soit ainsi, _____ à vos prières.

Leçon 11
Le conjoint infidèle

Textes pour la préparation: Ruth. 1:6-18; Es. 26:3; Ez.18:20; Ac.8:2; Ep.4:28; Col.3:13
Versets à lire en classe: Ruth.1: 11-18
Verset de mémoire: Où tu mourras, je mourrais, et j'y serai enterrée. Que l'Eternel me traite dans toute sa rigueur, si autre que l'a mort vient à me séparer de toi! **Ruth.1:17**
Méthodes: Discussion, comparaisons, questions
But: Présenter la fidélité au mariage comme un processus continuel.

Introduction
Dans la formulation des vœux au pied de l'autel, les époux s'engagent toujours publiquement à rester fidèle l'un à l'autre jusqu'à la mort. L'infidélité en pareil cas est une violation à ce serment.

I. Définition de l'infidélité.
Elle concerne notre intégrité et notre caractère. On n'a pas été ferme dans ses sentiments et la vie en ménage est compromise. Es.26:3
L'infidélité est une trahison de la foi conjugale. L'un des conjoints est coupable d'adultère ou d'autres actes qui annulent le mariage. Le doute et le dépit prennent siège et chassent l'amour.

II. Elle fait état d'une triste réalité:
1. Le cœur du conjoint est brisé. Il est désemparé.
2. Les pleurs et la colère viennent comme des émotions naturelles et il est à conseiller de ne pas les arrêter sous prétexte de stoïcisme.

Remarquez comment les frères pleuraient à la mort d'Etienne. Ac.8:2

III. Comment gérer cette situation.

1. Les conjoints doivent exprimer leurs sentiments, leurs pensées et leurs désirs sans se jeter aucun blâme. Ils doivent *jouer carte sur table*. Es.1:18
2. Ils doivent se traiter avec respect dans l'espoir que l'amour peut revenir.
3. Ils doivent apprendre à solliciter des services de l'un et de l'autre avec courtoisie, et non en se faisant des exigences.
4. Le conjoint fautif doit rompre toute relation possible ou imaginable avec le partenaire extraconjugal[63] en vue de rétablir la confiance réciproque dans son mariage. Es.26:3; Ep.4:28
5. Ils doivent se pardonner entièrement sans rappeler ses erreurs au conjoint fautif.

    Le cas échéant, Satan peut vous suggérer la vengeance et vous voilà coupable de violence domestique pour courir le risque d'aller en prison. A ce moment le conjoint fautif se sentira moins coupable et se donnera lui-même absolution. Col.3:13

    Mais pour votre santé mentale, si le conjoint fautif veut vivre dans sa condition, c'est son affaire personnelle avec Dieu.
    a. N'allez pas vous faire du tort pour personne. Cherchez plutôt à protéger vos intérêts dans ce contrat de mariage.

---

[63] **Extraconjugal** adj. Se dit de relations sexuelles qui existent en dehors des relations conjugales.

b. Vous devez vous dire avec fermeté: «Je ne mourrai pas, je vivrai et je raconterai les œuvres de l'Eternel.» Ps.118: 17

Conclusion

Chacun doit porter sa croix. Allons jusqu'au calvaire. Pardonnons à quiconque nous offense et laissons le reste entre les mains du Tout-Puissant.

Questions

1. Qu'est-ce que le mariage?
   C'est un contrat librement consenti entre deux personnes de sexes différents de vivre ensemble jusqu'à la mort.
2. Qu'est-ce-que l'infidélité?
   C'est la violation de ce contrat par un acte d'adultère.
3. Quelles en est la conséquence immédiate?
   Le cœur du conjoint est brisé.
4. Comment gérer une pareille situation?
   a. Les conjoints doivent aborder le problème sans se blâmer l'un l'autre.
   b. Ils doivent se traiter avec respect.
   c. Ils doivent faire l'effort d'être courtois.
   d. Le coupable doit rompre toute relation possible avec le partenaire extraconjugal.
   e. Ils doivent se pardonner l'un l'autre.
5. Qu'arrive-t-il si le coupable persiste dans son péché?
   a. C'est son affaire personnelle avec Dieu.
   b. Vous devez prendre alors les dispositions pour protéger vos intérêts qui sont exposés dans le contrat de mariage.

Leçon 12
Le mari non chrétien

Textes pour la préparation: 1Co.7:3-5; Ep.5:23; 2Ti.3:1-9; 1Pi.3:1-7
Verset à lire en classe: 1Pi.3:1-7
Verset de mémoire: Car, que sais-tu femme, si tu sauveras ton mari? Ou que sais-tu, mari, si tu sauveras ta femme? 1Co.7:16
Méthodes: Discussions, comparaisons, questions
But: Conseiller au conjoint chrétien la manière de traiter avec son conjoint non chrétien pour l'amener à Christ.

Introduction
Certains ménages connaissent des situations chaotiques parce que le mari n'est pas converti. La femme s'est mariée dans l'espoir de le ramener à Christ. Et voilà que le contraire arrive. C'est l'homme maintenant qui veut attirer sa femme dans le monde. Comment se présente d'ordinaire cette situation?

I. **Le mari exprime une conduite mondaine.**
1. Il aime le plaisir, la drogue, les jeux de hasard, et les femmes.
2. Il trouve toujours un prétexte pour ne pas accompagner sa femme à l'Eglise, même après maintes invitations.
3. Si la femme ose en parler, il fait le pire. Il peut même lui interdire de prier et d'aller à l'Eglise.

II. **Comment va-t-elle en sortir?**
Elle ne doit jamais oublier que le mari laissera facilement la maison pour une femme bavarde.

Elle va donc travailler à gagner son mari sans parole. Voyons au moins sept façons de faire:
1. **Par sa courtoisie**. La femme mal élevée, rouspéteuse[64] ou qui murmure pour toutes choses, aura beaucoup de difficultés à gagner son mari sans parole.
2. **Par sa discrétion**. Les garçons aiment garder leur vie au secret. Si vous avez un conflit à résoudre, à la rigueur, vous pouvez consulter vos beaux-parents si l'on s'entend bien, mais jamais vos parents. Autrement, vous allumez le feu de la guerre.
3. **Par sa fidélité à remplir ses devoirs conjugaux**. Elle doit les remplir sans rien négliger. Autant que faire se peut, la femme doit éviter de faire «marché noir » de son sexe pour enlever à l'homme le prétexte d'aller vers une autre. 1Co.7:3-5
4. **Par sa fidélité aux soins du ménage**. Elle doit être fidèle à lui préparer à manger et à s'occuper des enfants. La femme négligente répugne au mari chic.[65]
5. **Par les soins mis à sa toilette**. La femme doit se faire belle chaque jour au point de séduire son mari et le convaincre de rester auprès d'elle.
6. **Par un esprit de conciliation**. Une femme conciliante exerce une très grande vertu chrétienne. Conciliante ne veut pas dire

---

[64] Rouspéteuse adj. qui manifeste son mécontentement en paroles
[65] Chic adj. Elégant, distingué

toujours cédante. Les garçons sérieux se fatiguent vite d'une femme trop facile.
7. **Par sa conviction chrétienne.** La Parole de Dieu doit dominer toute sa vie. La prière doit être pour elle un mode de vie. Elle doit se rappeler que le mari est le chef de la femme mais pas le chef de son âme. Ep.5:23

Conclusion

Parmi tous les disciples, Pierre était le plus bavard. Sans doute, sa femme ne l'était pas. Quel bonheur pour Pierre! Il avait fait le bon choix. Et vous? 1Co.9:5

Questions
1. Qu'arrive-t-il dans la plupart des foyers mixtes?
   On connait des situations chaotiques.
2. Comment d'ordinaire se comporte le conjoint non croyant?
   a. Il aime la drogue, le plaisir des sens et néglige ses devoirs envers Dieu.
   b. Il intimide sa femme par des pressions brutales.
3. Comment peut-elle en sortir?
   Elle doit travailler à gagner son mari sans parole.
4. Que fait d'ordinaire le mari quand la femme commence à parler trop? Il laisse la maison.
5. Citez au moins cinq façons de gagner le mari sans parole.
   a. La courtoise
   b. La discrétion,
   c. La fidélité aux devoirs conjugaux
   d. La fidélité à prendre soin du ménage et des enfants mineurs.
   e. Les soins mis à sa toilette.

Récapitulation des versets

Leçon 1
Je ne mourrai pas, je vivrai, et je raconterai les œuvres de l'Eternel. Ps.118 :7

Leçon 2
Aucune tentation ne vous est survenue qui n'ait été humaine et Dieu qui est fidèle ne permettra pas que vous soyez tenté au-delà de vos forces, mais avec la tentation il préparera aussi le moyen d'en sortir afin que vous puissiez la supporter. 1Co.10 :13

Leçon 3
Par amour fraternel, soyez plein d'affection les uns pour les autres. Par honneur, usez de prévenances réciproques.
Ro.12 :10

Leçon 4
Nous qui sommes forts, nous devons supporter les faiblesses de ceux qui ne le sont pas et ne pas nous complaire en nous-mêmes. Ro.15 :1

Leçons 5
Maris, aimez vos femmes comme Christ a aimé l'Eglise, et s'est livré lui-même pour elle. Ep.5 :25

Leçon 6
Le Seigneur lui répondit : Marthe, Marthe, tu t'inquiètes et tu t'agites pour beaucoup de choses. Une seule chose est nécessaire. Marie a choisi la bonne part qui ne lui sera point ôtée. Lu.10 : 41-42

Leçon 7
L'Eternel Dieu dit : « Il n'est pas bon que l'homme soit seul ; je lui ferai une aide semblable à lui. » Ge.2 :18

Leçon 8
Celui qui méprise son prochain est dépourvu de sens, mais l'homme qui a de l'intelligence se tait. Pr. 11 :12

Leçon 9
Heureux serez-vous lorsqu' on vous outragera, qu'on vous persécutera, et qu'on dira faussement de vous toute sorte de mal à cause de moi. Mt.5 : 11

Leçon 10
Maris, montrez à votre tour de la sagesse envers votre femme, comme avec un sexe plus faible. 1Pi.3 : 7a

Leçon 11
Où tu mourras, je mourrais, et j'y serai enterrée. Que l'Eternel me traite dans toute sa rigueur, si autre que l'a mort vient à me séparer de toi ! Ruth.1 :17

Leçon 12
Car, que sais-tu femme, si tu ne sauveras ton mari ? Ou que sais-tu, mari, si tu ne sauveras ta femme. 1Co.7 :16

Série III

L'Epitre De Paul

Aux Galates

Avant-propos

L'Epitre de Paul aux Eglises de la Galatie remet en question deux grandes vérités fondamentales: L'Alliance de Dieu avec Israël ou l'Ancien Testament et l'Alliance de Christ avec l'Eglise ou le Nouveau Testament; La figure dominante dans la première alliance est Moise et dans la seconde c'est Jésus-Christ, le Fils de Dieu. Jamais les deux dispensations n'ont été combinées. La seconde est là pour confirmer la première.

Néanmoins, ce livret n'est pas une plaidoirie[66] contre une quelconque religion. Il est une invitation tacite[67] aux étudiants de la Parole Sacrée pour les aider à voir les délimitations marquées entre une alliance avec le peuple juif et une autre avec l'Eglise.

Comme l'Epitre aux Galates était adressée à des païens convertis, elle s'adresse aussi à moi par ricochet[68]. Si vous consentez à nous accompagner dans la lecture de la «Bible Expliquée», nous serons tous édifiés à la lumière du Saint Esprit.

L'auteur

---

[66] Plaidoirie nf. Défense d'une opinion, d'une personne
[67] Tacite adj. Qui est sous-entendu
[68] Par ricochet. Indirectement, par contrecoup

Leçon 1
Raisons d'être de l'Epitre aux Galates

Textes pour la préparation: Ge.17:9-14; De.10:16; 30: 6; La.2:6; Osée.2:13; Mt.11:29 Ac.2:5-11; 15:1-11; Ga. 3:1; 5: 3-12; 6:12-17; 2TI.3:12
Verset à lire en classe: Ga.6:12-15
Verset de mémoire: O Galates dépourvus de sens! Qui vous a fascinés, vous aux yeux de qui Jésus-Christ a été peint comme crucifié? **Ga.3:1**
Méthodes: Discussion, comparaisons, questions
But: Persuader les chrétiens à renoncer à la Loi et à la circoncision[69] et d'accepter plutôt l'Evangile de Jésus-Christ comme moyen de salut.

Introduction
Une question conflictuelle[70] qui a fait couler beaucoup d'encre[71] au lendemain de la Pentecôte: L'observation de la Loi et la circoncision. D'où vient ce conflit?

I. Origine
Au lendemain de la Pentecôte, des milliers de pèlerins juifs de la Diaspora[72] sont retournés chez

---

[69] Circoncision nf. Excision rituelle du prépuce chez les juifs, les musulmans et divers peuples.
[70] Conflictuel adj. Relatif à une opposition de sentiments, d'opinions entre des personnes ou des groupes.
[71] Couler beaucoup d'encre. Expression pour signifier qu'un sujet a fait matière à beaucoup de discussions
[72] Diaspora. Ensemble des membres d'un peuple dispersés à travers le monde, mais restant en relation

eux après avoir embrassé le Christianisme. Ac.2: 5-11
Arrivés en Galatie, ils étaient confrontés[73] par des judéo-chrétiens encore attachés au judaïsme et qui voulurent leur imposer la circoncision et la Loi de Moise. Ac.15: 5
Immédiatement, les apôtres ont convoqué un concile à Jérusalem pour débattre cette question. Prenons siège dans cette audience et écoutons:

II. **Le discours de Pierre.** Ac. 15: 1-11
1. Puisque Dieu a accordé le Saint Esprit aux païens convertis comme aux judéo-chrétiens. Ac.15: 8
2. Puisqu'ils sont comme eux sauvés par la foi. Ac.15:9, 11
3. Puisqu'ils sont maintenant sous le joug de Christ, Mt.11:29
Je m'oppose à qu'ils soient mis sous le joug de la loi; Si vous le faites, vous tentez Dieu lui-même. Ac.15: 10

III. **Discours de Paul et de Barnabas**
Il concerne :
1. le récit des miracles et des prodiges de Dieu parmi les païens.
2. La défaite du magicien Elyma. Ac.13: 10-11
3. La conversion de Sergius Paulus, le proconsul. Ac.13:12
4. Des conversions massives parmi les païens d'Antioche. Ac.13:48
5. La guérison du boiteux à Lystre. Ac.14: 9-10

---

[73] Confronter vt. Mettre des personnes en présence pour comparer et vérifier leurs affirmations.

6. L'implantation[74] de plusieurs Eglises à Antioche, un pays païen. Ac.14: 21-23

IV. Résolution de l'apôtre Jacques
1. Que les païens soient exempts du rite de la circoncision car c'est un vestige[75] de la Loi de Moise. Ac.15:19
2. Qu'ils s'abstiennent des viandes sacrifiées aux idoles, de la débauche, des animaux étouffés et du sang. Ac.15: 20

Remarquez ceci: L'influence de Moise était sérieusement diminuée depuis bien des générations. On peut le constater dans l'expression suivante : « *On parle de gens qui le prêchent* ». Des gens? Où sont les termes comme Sacrificateurs et lévites? Leur sacerdoce[76] tendait à disparaitre suivant les prophéties de Jérémie et d'Osée. Lam.2:6; Osé.2 :13; Ac. 15: 12, 35; Ga.5:3

III. La raison d'être de la circoncision.
1. Elle était le signe de l'alliance de Dieu avec Abraham. Ge.17: 9-14
2. Elle persiste à être le signe de l'alliance de Dieu avec les juifs. Mais cette circoncision doit être en relation avec une circoncision de cœur. De.10: 16; 30:6

---

[74] Implantation nf. Opération par laquelle on introduit une marque, un produit sur un marché ou dans un canal de distribution

[75] Vestige n.m marque, reste du passé.

[76] Sacerdoce lévitique. Fonction du prêtre du temps de Moise.

a. Elle n'a aucune valeur sous l'alliance de la grâce. Ga.5:1-6
b. Paul maudit ceux qui veulent forcer les païens convertis à se faire circoncire. Ga.5: 12
c. En effet, des païens convertis ont été séduits par les judéo-chrétiens au point de se faire circoncire pour ne pas être persécutés par les juifs.» Ga.6:12 Nous sommes vaccinés avec le sang de Jésus-Christ et non avec la loi de Moise. Voilà pourquoi les chrétiens sont persécutés pour leur foi, jamais les juifs. 2Ti.3:12; Ga.6:17

Ce qui importe donc, c'est la conversion et non la circoncision. Ga.6:15

Conclusion

La circoncision n'est pas dans le vocabulaire de Jésus-Christ. C'est plutôt la foi, le pardon, la réconciliation. Laissez votre peau tranquille. Convertissez-vous et pratiquez ces vertus.

Questions

1. Pourquoi Paul écrivait-il aux Galates?
   Pour les persuader de rejeter la Loi et la circoncision comme moyen de salut.
2. Quelle était la raison d'être du Concile à Jérusalem?
   La délibération des apôtres sur ces sujets : la Loi et la circoncision.
3. Qui étaient les principaux orateurs à ce Concile?
   Les apôtres Pierre, Jacques, Paul et l'évangéliste Barnabas.

4. Que mentionnait l'apôtre Pierre dans son discours?
   a. Que les païens convertis ont aussi le Saint-Esprit.
   b. Qu'ils sont sauvés par la foi en Jésus-Christ.
   c. Etant sous le joug de Christ, ils ne doivent pas observer la Loi de Moise.
5. Que mentionnait l'apôtre Jacques dans son discours?
   a. Que les païens doivent rejeter les vestiges de la Loi de Moise.
   b. Qu'ils doivent s'abstenir des viandes sacrifiées aux idoles, de la débauche, des animaux étouffés et du sang.
6. Que mentionnait l'apôtre Paul dans son discours?
   a. Le récit des miracles et des prodiges parmi les païens
   b. Les nombreuses guérisons et conversions.
   c. L'implantation de plusieurs Eglises en pays païens.
7. Remplissez les intervalles dans le verset suivant: Ga.6:15:
   Car ce n'est rien _____ _____ Ce qui est quelque chose _____

Leçon 2
L'intransigeance de l'Evangile

Textes pour la préparation : Ac. 9: 15; 10:28; 16: 3, 37: 22:2; Ro.5:1; 6:23; 7:15-16; 8:14-15; 2 Co.5:17; Ga.1:8-14; 2:8-20 6:1-9; Ep.2:6; Phil.3:5, 20-21
Verset à lire en classe: Ga.1:6-9
Verset de mémoire : Nous l'avons dit précédemment, et je le répète à cette heure: si quelqu'un vous annonce un évangile s'écartant de celui que vous avez reçu, qu'il soit anathème! Ga.1:9
Méthodes : Discussion, comparaisons, questions
But : Détourner les judéo-chrétiens de la pratique de la Loi.

Introduction
L'Evangile que nous prêchons ne souffre d'aucun compromis. Il ne connait non plus de parti ou de parti-pris. Paul va le vérifier.

I. **Dieu a fait de lui l'apôtre des païens.** Ac.9:15; Ga.2:8

Il pouvait parler quatre langues pour atteindre toutes les nations et toutes les couches. Il parlait couramment l'hébreu, le grec, l'araméen et le latin. Ac.16: 3, 37; 22 :2 ; Phil.3:5

II. **Il veut délimiter les principes du judaïsme face au Christianisme.**
1. Il désigne la Loi comme «choses anciennes» qui ne sont plus. 2Co.5:17
2. Si quelqu'un veut la combiner avec la grâce, Il l'appelle alors: «Un autre Evangile» auquel il demande aux païens de renoncer. Ga.1: 8

3. **Il abandonne les traditions de ses pères.** Ga. 1:14

Il a même blâmé Pierre publiquement pour sa dissimulation[77]. En effet, quand il a vu Paul, il se cachait pour manger avec les païens. Il était interdit d'ailleurs aux juifs de le faire. Mais Dieu lui avait déjà révélé de ne pas les regarder comme souillés. Le mal était dans son hypocrisie. Il ne devait pas se cacher pour manger avec eux. Ac. 10: 28; Ga. 2: 11-14

III. **Il déclare sa position en Christ.** Ga.2:20
1. Cette position est plutôt relationnelle[78]. Votre enfant, ne cesse pas de l'être même s'il est ailleurs. Il a un droit de résidence chez vous et dans votre cœur.
2. Je reste et demeure enfant de Dieu et ma résidence est au ciel, même si je suis encore sur la terre. C'est dans ce sens qu'il faut comprendre Paul quand il dit : «Il nous a ressuscités ensemble et nous a fait asseoir ensemble dans les lieux célestes en Jésus-Christ.» Ep.2: 6
Nous sommes citoyens des cieux. Phi.3:20-21

IV. **Il déclare notre justification par la foi.** Ro.5:1;
1. En effet, la loi nous montrait nos péchés mais ne pouvait nous en délivrer. Ro.7:15-16

---

[77] Dissimulation n.f. Action de cacher, hypocrisie
[78] Relationnel adj. Parlant des liens existant entre des choses ou des personnes.

2. La loi punit notre désobéissance. Elle ne nous donne aucune récompense pour notre obéissance. Ro.6:23
3. La foi en Christ nous apporte la paix avec Dieu. Ro.5:1
4. Seul l'Evangile de Jésus-Christ nous libère. Ro.8:1

Conclusion

Réjouissez-vous de la liberté que vous avez en Christ! Depuis le jour de votre conversion, vous bénéficiez de la grâce infinie de Dieu, de son adoption et de son pardon. Je vous le répète! Réjouissez-vous! Ro.8:14-15

Questions

1. Qui était l'apôtre destiné à prêcher aux païens? Paul
2. Combien de langues parlait-il et citez les.
   Quatre : l'hébreu, le grec, le latin, l'araméen.
3. Quel nom donne-t-il au mélange de la Loi et de la foi ? Un autre évangile.
4. Comment Paul maudit-il ceux qui forcent les païens à observer la Loi ? Qu'ils soient anathème!
5. Comment expliquer notre position en Christ?
   Par la foi, nous sommes assis à côté de Christ dans les lieux célestes.
6. Par quoi sommes-nous justifiés? Par la foi en Jésus-Christ seul.

Leçon 3
La Loi et la Grâce

Textes pour la préparation: Ge. 15:18-21; Ex.20:3-17; 32:16; Le.1:1-17; No.20:10; De.4:1-8; 5:15; 11:24; 1S.8:6-7; 2R.17:22-23; 1Chr. 18: 1-17; Es.42:6; Ez. 36: 26-29; Lu.1:32-33; Jn.1:17; 1Co.6:19-20

Verset à lire en classe: De.4:1-8

Verset de mémoire: Et quelle est la grande nation qui ait des lois et des ordonnances justes, comme toute cette loi que je vous présente aujourd'hui? **De. 4:8**

Méthodes : Discussion, comparaisons, questions
But: Montrer comment Israël a reçu la Loi de Dieu et comment il l'a observée.

Introduction

Deux concepts[79] différents. Deux époques différentes. Deux écoles différentes : Sinaï et Golgotha. Moise et Jésus-Christ. Comparez.

I. **Moise, champion de la Loi.** Jn.1:17
  1. A la montagne de Sinaï, Moise reçoit de Dieu les dix commandements pour la gouverne[80] du peuple d'Israël. Ex.20: 3-17
  2. Cette Loi était écrite sur des Tables de pierre, du doigt de Dieu. Ex.32:16
  3. Israël a aussi reçu les lois cérémonielles. Elles concernent le sacerdoce lévitique[81]. Lev. 1: 1-17

---

[79] Concept nm. Représentation générale et abstraite d'un objet, d'un ensemble d'objets.
[80] Gouverne n.f. La règle de conduite

4. C'était l'alliance de Dieu avec Israël. De.5:15
5. La transgression de cette Loi conduisit Israël en esclavage par d'autres nations. 2R.17:22-23
II. **Raisons de cette Loi.**
 1. Révéler la sainteté de Dieu aux yeux des enfants d'Israël.
 2. Quant à eux, ils avaient pour mission de faire connaitre le vrai Dieu aux autres nations. Es.42:6-7
 Ils devaient faire ressortir le témoignage de sa puissance en leur racontant les miracles et les prodiges en Egypte, dans le désert du Sinaï et dans la Terre Promise.
 3. D'un autre côté, Dieu voulut restaurer l'homme sur la planète en réparant les dégâts causés par la désobéissance d'Adam et d'Eve.
III. **Résultats:**
 1. Moise, son premier leader, a failli en voulant s'approprier[82] la gloire de Dieu aux eaux de Meriba.
 Dès lors, Dieu lui interdisait l'entrée dans la Terre Promise. No.20: 10
 2. Israël ne veut plus avoir l'Eternel pour son roi.
  a. Il réclame de préférence, un roi visible. 1S. 8: 6-7
  b. Depuis lors, Israël n'a connu que déboires sur déboires.
 3. Mais Dieu change de méthodes et non pas de plan.
  a. Il avait promis la totalité du territoire de Canaan aux descendants d'Abraham.

---

[82] Approprier (s) Se donner la propriété de, s'attribuer

Cette promesse s'est réalisée à la lettre avec David.
Ge. 15: 18-21; Dt.11:24; 1Chr.18:1-17
b. Prophétiquement, il mettra un descendant de David sur le trône qui ne sera jamais détruit. Jésus est ce descendant de David. Son royaume sera éternel. Lu.1: 32-33
c. Dieu ne mettra pas sa Loi sur des Tables de pierre mais sur les cœurs où il établira son règne. Ez.36: 26-29; 1Co.6:19-20

Conclusion

Il est temps d'en finir avec cette dispensation. L'heure de la grâce, l'heure de la délivrance a sonné pour tous les peuples. L'heure du Messie est annoncée.

Questions

1. Qui était le premier leader du peuple d'Israël?
Moise
2. Comment Dieu entend 'il gouverner ce peuple?
a. Par ses lois
b. Par Moise son représentant.
3. A quel autre peuple cette loi était-elle destinée?
Seulement à Israël.
4. Quel était le but de cette loi?
a. Révéler au peuple la sainteté de Dieu
b. Faire connaître le vrai Dieu aux autres peuples.
c. Rétablir la relation de l'homme avec Dieu sur la planète.
5. Quelle était l'attitude d'Israël à l'égard de Dieu ?
Il voulut d'un roi visible
6. Où Dieu a–t-il décidé enfin de mettre sa Loi?
Dans les cœurs.

Leçon 4
La Loi et la Grace (Suite)

Textes pour la préparation : Es.9: 5; 42: 10; Lu.2:14; 19:10; 23:34; Jn.1: 14-17; 3:16; 14: 3, 27; Ro.8:15-29; 1Co. 6: 19-20; 2Co.12:9; Ga.4: 4-17; Ep.2:8-10; Phil. 4:6; Col.2:14; He. 1:11; 10:4; 1Pi.1:18; 1Jn.1:7; 3:8b; Jude 24; Ap.1:5b; 22:3-5
Verset à lire en classe: Ep.2:8-10
Verset de mémoire: Et il m'a dit: ma grâce te suffit; car ma puissance s'accomplit dans la faiblesse. **2Co.12: 9b**
Méthodes: discours, comparaisons, questions
But: Convaincre les pécheurs à accepter le salut par grâce en Jésus-Christ.

Introduction
« Car un Enfant nous est né, un Fils nous est donné, et la domination reposera sur son épaule. » C'est en ces termes que le prophète Esaïe annonça la rentrée dans l'histoire du descendant de David. Il est venu apporter la délivrance et la grâce aux captifs de tous les continents. Es.9: 5; 42:10
Comparons son ministère avec celui de Moise.
I. **Jésus, champion de la grâce.** Jn.1:17
 1. Il n'a pas payé avec le sang des boucs et des taureaux. ni avec de l'argent ou de l'or. Hé.10:4 ; 1Pi.1:18-19
 2. Il a payé pour tous un prix que les sacrifices de l'Ancien Testament ne pouvaient satisfaire. Jn.3:16
 3. Il a payé un prix que personne n'était disposé à payer: Il s'est donné lui-même en sacrifice pour nos péchés.

4. Il nous apporte une paix universelle. Lu. 2: 14
5. Ce n'était pas nous qui cherchions Dieu, c'est lui qui « est venu nous chercher ». Lu.19:10
6. C'est lui qui s'est révélé à nous en revêtant une chair semblable à la nôtre pour se rendre accessible. Jn.1: 14
7. Et dès lors, il nous donne sa paix, le mot clé de la réconciliation. Jn.14:27
8. Il nous apporte un pardon universel. Lu.23: 34
   a. Nous sommes tous **coupables** du péché d'Adam. Jésus vient et nous en libère par le prix payé à la croix. Col.2:14
   b. Nous sommes tous **responsables** des péchés commis à partir de nos tendances naturelles. Jésus vient et nous en libère avec son sang. 1Jn.1: 7; Ap.1:5b
9. Il nous apporte une restauration éternelle.
10. Jésus est le Fils unique du Père. Jn.3:16
    a. Nous, nous sommes les fils d'Adam, sauvés par grâce. Dieu a fait tous les frais pour notre salut. Ep.2:8
    b. Nous sommes les enfants adoptés du Père. Nous aurons à jouir des mêmes privilèges que Jésus-Christ. Ro.8:15; Ga.4:4-17
11. Au lieu de Fils-Unique il est maintenant appelé «le premier-né de beaucoup de frères». Ro.8:29
12. Et il n'a pas honte de nous appeler frères. Hé.1:11
13. Il nous donne la garantie d'une délivrance éternelle.
    a. Il détruit les œuvres du Diable. 1Jn.3:8b
    b. Il habite en nos cœurs pour en avoir le contrôle. 1Co.6:19-20
    c. Il nous préserve de tout mal. Jude 24

d. Il répond à nos prières. Phil. 4: 6
e. Il nous réserve une cité permanente où il sera avec nous pour toute l'éternité. Jn.14: 3; Ap. 22: 3-5

Conclusion : Que tout pécheur libéré chante:
«Je ne sais pourquoi dans sa grâce, Jésus m'a tant aimé.
Pourquoi par son sang il efface Ma dette et mon péché.
Mais je sais qu'en lui j'ai la vie. Il m'a sauvé dans son amour.
Et gardé par sa main meurtrie, J'attends l'heure de son retour.»

Questions

1. Comment Jésus a-t-il sauvé le pécheur par grâce?
   a. En payant pour notre salut un prix que personne n'a pu payer
   b. En nous apportant une paix universelle
   c. En nous accordant un pardon universel
   d. En nous apportant une restauration éternelle
   e. En nous garantissant une délivrance éternelle.
2. Combien d'enfants Dieu en a-t-il? Un
3. Combien d'enfants Adam en a-t-il? Le monde entier
4. Comment sommes-nous devenus enfants de Dieu?
   En acceptant Jésus comme notre Sauveur.
5. Quels sont alors nos privilèges?
   a. Jésus nous appelle frères
   b. Il détruit pour nous les œuvres du diable.
   c. Il habite dans nos cœurs.
   d. Il nous préserve de tout mal.
   e. Il répond à nos prières.
   f. Il nous réserve une cité permanente dans le ciel.

Leçon 5
L'Antériorité[83] de la grâce par rapport à la Loi

Textes pour la préparation : Ge. 3:7 ; 12 :1-3; 15 :4; 21:1-3; 32 :27-28; Mt. 22: 32 ; Jn.3:16 ; Ro.3:23 ; Ga.3:23-29; He.9:22;
Verset à lire en classe : Ga.3: 23-29
Verset de mémoire : Et si vous êtes à Christ, vous êtes donc la descendance d'Abraham, héritiers selon la promesse. **Ga.3: 29**
Méthodes: Discussion, comparaisons, questions
But: Montrer que le salut par grâce préexistait[84] à la Loi de Moise.

Introduction
Il ne faut pas croire que le plan de Dieu pour le salut de l'homme commence avec la Loi de Moise. Il a commencé depuis avant la fondation du monde. Jn.1 :29 Et les signes connus de ce rachat nous sont révélés de plusieurs manières que nous allons énumérer.

I. **La grâce de Dieu sur Adam et Eve.**
    1. Dieu n'a pas laissé Adam et Eve nus après leur péché. Il remplace leurs frêles habits de feuilles de figuier par un habit de peau de bête. En d'autres termes, il a versé le sang d'un animal pour valider leur rédemption. Ge.3:7
    2. Sans effusion de sang, il n'y a pas de pardon. He.9:22

---

[83] Antériorité n.f Caractère de ce qui est antérieur à
[84] Préexister vt. Exister antérieurement à quelqu'un

II. **La grâce de Dieu sur les païens dont Abraham fut le premier.**
   1. Dieu lui ordonna de laisser son pays, sa patrie, la maison de son père et de le suivre. Ge.12:1
   2. Toutes les familles de la terre, c'est-à-dire, «tous les habitants de la planète» seront bénies en Abraham et non en Moise. Ge.12:3
      a. Dieu ne fait point de distinction. Tous ont péché. Tous ont besoin du salut en Christ. Ro. 3:23
      b. Il n'y a plus ni juif ni Grec, ni esclave ni libre, il n'y a plus ni homme ni femme ; car tous, vous êtes un en Jésus-Christ. Ga. 3:28
   3. C'est parce que Dieu a tant aimé le monde, qu'il prévoit de sauver Abraham et tous les païens non par la Loi, mais par la grâce en Jésus-Christ. Ge.12:3 ; Jn3:16 ; Ga.3:26
   4. Nous sommes les héritiers de la promesse en Abraham et non en Moise. Ga.3: 28-29

III. **Il s'appelle le Dieu d'Abraham, d'Isaac et de Jacob**, jamais le Dieu de Moise et d'Aaron. Mt.22: 32
   1. Abraham est le premier à qui il a fait la promesse. Ge.15:4
   2. Isaac est l'enfant de la promesse. Ge. 21:1-3
   3. Jacob, un menteur, un voleur converti dont Dieu changea le nom en Israël, est le type du pécheur racheté. Ge. 32: 27-28

Conclusion
Le salut pour tous, le salut par grâce
A tous est offert, à tous est donné.
Oh venez pécheur, venez le temps passe!
Et vous serez pardonné.

Questions

1. Quand Dieu a-t-il commencé le plan de salut par grâce ?
   a. Avant la loi de Moise
   b. Avant la fondation du monde
2. Quel est le premier signe de cette rédemption?
   Il versa le sang d'un animal pour faire l'expiation pour Adam et Eve.
3. Qui était le premier païen notoirement connu?
   Abram
4. Prouvez que Dieu voit sa grâce pour les païens à travers Abraham.
   a. Il se dit le «Dieu d'Abraham» et non de Moise.
   b. Il promet de bénir toutes les nations en Abraham et non en Moise.
   c. Il fait de nous des héritiers de la promesse en Abraham et non en Moise.
5. Pourquoi Dieu se dit-il le Dieu de Jacob?
   Jacob est le type du pécheur racheté.
6. Remplissez les intervalles : Je suis le Dieu d'_____
   Dieu n'est pas le Dieu des _____ mais _____

Leçon 6
Les deux alliances mises en relief

Textes pour la préparation: Ge.12 :2-3,16 ; Ex.19 :5 ; 20 :10 ; 21 :23-24 ; 33 :15 ; Lé.4 :3 ; 13 :45 ;No.13 :1 ; Mt.6 :39 ; 11 :28 ; 18 :20 ; 26 :28 ; Lu.1 :35; 5 : 20-24 ; 6 :31 ; 16 :29 ; 17 :12 ; Jn.1 :29 ; 3 :16 ; 5 :46 ; 6 :48 ; 14 :6, 20 ; 18 :36 ; 19 :17-18 ; Ac.2 :17-19 ; Ro.1 :16 ; 5 :8 ; 6 :23 ; 1Co.10 :25 ; 2Co.3 :18 ; Ep.2 :8 ; Col.2 :9,21-23 ; 1Ti.4 :4-5 ; Hé.8 : 6-18 ; 9 :13-14 ; 10 :9 ;1Pi.1 :19 ; Ap.1 :5
Verset à lire en classe: Hé.8: 6-13
Verset de mémoire: En effet, si la première alliance avait été sans défaut, il n'aurait pas été question de la remplacer par une seconde. Hé.8 : 7
Méthodes: Discours, comparaisons, questions
But: Concentrer l'attention de tous sur les vertus de la Nouvelle Alliance.

Introduction

Il faut être aveugle et de mauvaise foi pour ne pas reconnaitre et admettre que la mission de Jésus-Christ est totalement différente de celle de Moise. Nouveau pays, nouveau gouvernement, nouvelle constitution.

Quand l'auteur de l'Epitre aux Hébreux parle de défaut, il ne s'agit pas d'incorrection.

Dans le langage théologique on veut faire ressortir que *la première alliance n'avait pas de provisions suffisantes pour les autres peuples et n'offrait pas toute la garantie que* Jésus apporte dans la Nouvelle Alliance.

Pour le prouver, nous allons comparer les prescriptions de l'Ancien Testament (AT) avec les provisions du Nouveau Testament. (NT)

1. A.T. Le Royaume était terrestre, matériel. Ge.12:2-3
   N.T. Le royaume est spirituel, céleste. Jn.18:36
2. A.T. C'était la Loi représentée par Moise et les prophètes. Lu.16:29
   N.T. C'est la grâce représentée par Jésus-Christ, l'homme-Dieu de qui Moise a écrit.
   Jn.5:46; Col.2:9
3. A. T. Moise ne pouvait pardonner les péchés. Lé.4:3
   N.T. Jésus les pardonne: car il est Dieu. Lu.5: 20, 24
4. A.T Moise conduisit le peuple d'Israël vers le Canaan terrestre. Nob.13: 1
   N.T. Jésus conduit tous les rachetés vers le Canaan céleste. Jn.14:6
5. A.T. C'était la loi de Moise qui condamne. Ro.6:23
   N.T. C'est la grâce de Jésus qui pardonne.
   Eph.2:8 ; Hé.8 :18
6. A.T. C'était la Loi du talion: œil pour œil. Ex.21: 23-24 N.T. C'est plutôt la manifestation de l'amour au lieu de la vengeance. Math.6: 39
7. A.T. C'était la manne, une nourriture provisoire à Israël et non aux païens. Lu.6:31
   N.T. C'est Jésus, le pain de vie une nourriture éternelle offerte à tous. Jn.6:48
8. A.T. C'était Dieu avec nous. Ex.33:15
   N.T. C'est Dieu avec nous et en nous.
   Math.18:20; Jn.14:20

9. A.T. La restriction était faite à Israël sur la consommation de certains aliments. Col.2:21
   N.T. Toutes les restrictions sont enlevées.
   1Cor.10:25; Col.2: 21-23; 1Ti.4:4-5
10. A.T. Les enfants d'Israël devaient sacrifier un animal en dédommagement pour chaque péché commis. Heb.9: 13-14
    N.T. Par le sacrifice du sang de Christ tous nos péchés sont pardonnés. Jn.1:29; Ap.1:5
11. A.T. Le lépreux était mis en quarantaine[85]. Lé.13:45
    N.T. Jésus le guérit et l'intègre[86] dans la société. Lu.17:12
12. A.T. La femme n'avait pas le statut[87] de personne. Ge. 12:16
    N.T. Jésus l'a réhabilitée. Lu.1:35
13. A.T. Seul le prophète pouvait dire: "Ainsi parle l'Eternel
14. N.T. Le St Esprit est répandu sur tous les serviteurs et les servantes de Dieu afin de pouvoir prophétiser. Ac.2 :17-19
15. A.T. Dieu aime d'abord les Juifs. Ro.1:16
    N.T. Dieu étend son amour à tout le monde. Il forme son peuple et il l'appelle Eglise. Jn.3:16; Ro.5:8
16. A.T. Le repos était en un jour, le jour du sabbat. Ex.20:10

---

[85] Mettre en quarantaine. Exclure du groupe
[86] Intégrer. Vt. Incorporer, inclure
[87] Statut n.m. Acte constitutif d'une société qui en fixe légalement les règles de fonctionnement.

N.T. Le repos n'est plus un jour mais une personne: le repos c'est Jésus, notre Sabbat. Mt.11:28; Hé.4 :9
17. A.T. On tuait les bocors ou prophètes de Baal. 1R.18:40
N.T. Jésus appelle le plus vil pécheur. Mt.11:28
18. A.T. La Loi fut écrite sur des Tables de pierre. 2Co. 3:18
N.T. La parole est écrite dans nos cœurs. 2Co.3 : 18.
19. A.T. Moise a fait Sinaï. Ex.19:5
N.T. Jésus a fait Golgotha. Jn.19:17-18
20. A.T. La première alliance avait des défauts. Hé.8 :6-7
N.T. Jésus, l'Agneau sans défaut, vient avec la Nouvelle Alliance en son sang. Mt. 26: 28; 1Pi.1:19; Ap.1 :5
21. N.T. Jésus supprime la Loi. Hé.10:9
N.T. Il la remplace par une alliance éternelle en son sang. Hé.8 : 7 ; 13: 20

Conclusion

Hier, le prophète disait: «Ainsi parle l'Eternel». Aujourd'hui Jésus, le Dieu fait homme pour nous, passe ses ordres en disant: «Mais moi, je vous dis». Ecoutez-le! Nul ne vient au Père que par lui! Jn.14:6

Questions

1. Pourquoi dit-on que la première alliance avait des défauts?
Il n'avait pas de provisions immédiates pour les autres peuples.
2. Sur quels genres de bénédictions se basait l'obéissance à la Loi de Moise?
Sur des bénédictions matérielles

3. A qui était limité le privilège de parler à Dieu? Aux prophètes
4. Ecrivez tout le verset de Hé.8:7

_____
_____
_____
_____
_____

5. Dans quel livre du Nouveau Testament trouve-t-on l'expression «Ainsi parle l'Eternel? Nulle part
6. Quel terme le remplace «Mais moi, je vous dis»

Leçon 7
Ceci est la Nouvelle Alliance en mon sang

Textes pour la préparation: Ex.19:5; 20:18-19; Esd.10:3   Mc.16:16-18;Lu.22:20;Jn.5:39-40;8:36; Ac.2:38 Ro.5:1; 2Co.3: 6-16
Verset à lire en classe: 2Co.3: 6-16
Verset de mémoire : Il prit de même la coupe, après le souper, et la leur donna, en disant: Cette coupe est la nouvelle alliance en mon sang qui est répandu pour vous. **Lu.22:20**
Méthodes: discours, comparaisons, questions
But : Confirmer l'instauration[88] de notre délivrance par le sang de Jésus-Christ

Introduction
L'apôtre Paul, un défenseur de La Loi et du septième jour est terrassé[89] par le Seigneur sur la route de Damas. Il devint aveugle dans la voie de l'incrédulité et c'est un serviteur de Christ qui devait lui ouvrir les yeux sur le royaume de la grâce.
Voyons les différentes connotations[90] des ministères de Moise et de Jésus-Christ.

I. **Leur ministère**:
   1. Moise:
      a. Ministère de la lettre qui tue. 2Co.3:6
      b. Ministère de la condamnation. 2Co.3: 9
      c. Ministère de la mort. 2Co.3:7

---

[88] Instauration n.f. Etablissement
[89] Terrasser vt. Vaincre complètement
[90] Connotation n.f Valeur que prend une chose en plus de sa signification première.

d. Ministère passager. Il était glorieux. 2Co.3:11
e. La gloire de Dieu brillait sur Moise seul.
2. Jésus-Christ:
   a. Ministère de l'Esprit qui vivifie. 2Co.3:6
   b. Ministère de la justice. Il est supérieur en gloire. 2Co.3: 9
   c. Ministère permanent. Il est bien plus glorieux. La gloire de Christ nous transforme par l'Esprit du Seigneur. 2Co.3: 11, 18

II. **Inconvénients du ministère de Moise**
1. Il était limité à un seul peuple. Ex.19:5
2. Moise était le seul interprète du peuple auprès de Dieu. Ex. 20: 18-19
3. Le peuple tremblait à l'écoute des 10 commandements. Certains juifs continuaient à trembler même après plusieurs générations. Esd.10:3
4. Les israélites sont devenus plus incrédules parce que le voile de Moise est jeté sur leur cœur. Ils ne connaissaient que la Loi et le Sabbat. 2Co.3: 15
5. Ils n'avaient pas le Saint Esprit pour accomplir des miracles.
6. Moise conduisait le peuple mais il n'était pas mort pour lui. Moise n'était donc pas le Messie, le sauveur du monde.

III. **Avantages du ministère de Jésus-Christ**
1. Il vient avec une nouvelle alliance en son sang. Dès lors, les sacrifices d'animaux sont prohibés. Lu.22:20
2. Il apporte la vie éternelle. Jn.5:39-40
3. Il apporte le pardon. Ac.2:38
4. Il apporte la paix avec Dieu. Ro.5:1

5. Il accorde le don du Saint Esprit dès la conversion. Ac.2:38
6. Il donne la puissance pour chasser les démons et guérir les malades. Mc.16:16-18
7. Il nous apporte la liberté. Jn.8:36; 2Co.3: 17
8. Le voile de Moise tombe à la conversion. 2Co.3: 16

Conclusion

Que tous écoutent ce saint cantique qui vient d'éclater dans les cieux:
«L'heure de la délivrance pour les captifs a sonné.
«C'est la nouvelle alliance, l'enfant-Jésus nous est né.
«Sa charité nous enlace; il veut régner sur nos cœurs.
«Sachons accepter sa grâce en le recevant comme sauveur.»

Questions

1. Citez les noms ténébreux affichés au ministère de Moise.
   Ministère de la mort, de la condamnation, de la lettre qui tue, ministère passager.
2. Citez les noms glorieux affichés au ministère de Jésus-Christ.
   a. Ministère de l'Esprit qui vivifie
   b. Ministère de la justice
   c. Ministère permanent
3. Quels étaient les inconvénients du ministère de Moise ?
   a. Il était limité à un seul peuple.
   b. Une seule personne était l'interprète de Dieu auprès du peuple.
   c. Le peuple tremblait à l'écoute de la Loi.

d. Il n'avait pas le Saint-Esprit pour accomplir des miracles.
   e. Moise mourut pour sa désobéissance et non pour avoir expié les péchés du peuple.
4. Quels sont les avantages du ministère de Jésus-Christ?
   a. Il n'y a plus d'offrandes pour les péchés.
   b. La vie, le pardon et la paix sont offerts gratuitement aux pécheurs repentants.
   c. Le don du Saint Esprit est accordé à tous les serviteurs et servantes de Dieu.
   d. Ils peuvent chasser les démons et guérir des malades au nom de Jésus.
   e. Le voile de Moise est tombé dès la conversion.

Leçon 8
La manifestation de la foi

Textes pour la préparation : Ge.12:1-3; Mc.16:17-18; Jn.1:9; Ac.2:38; 12: 5,17 13:46; 3:12; 4:19-20; Ro.10:17; Ga.3:6-18; 6: 6-18; Ep.2: 6-8; 5:25
Verset à lire en classe: Ga. 3:6-9; 16-18
Verset de mémoire: Et que nul ne soit justifié par la loi; cela est évident, puisqu'il est écrit: Le juste vivra par la foi. **Ga.3:11**
Méthodes: Discours, comparaisons, questions
But: Présenter la foi comme le seul moyen de salut

Introduction
Et voilà un autre postulat[91] mis en considération: la foi. Nous ne saurons le démontrer; Nous sommes appelés à l'admettre. D'où vient la foi?

I. Son origine
1. Elle vient de Dieu. Ep.2:8
2. Elle vient au moment où l'on écoute la Parole de Dieu. Ro.10:17
3. Elle est activée au moment de notre conversion. Ep.2:8
4. Cette conversion est impossible si on refuse d'être pénétré par la lumière de la grâce. Jn.1: 9; Ac.13:46

II. Ses preuves
1. Ce que nous appelons la foi est vérifiée par «l'Evidence chrétienne.» C'est:
   a. La manifestation du Saint-Esprit. Ac.2:38

---
[91] Postulat nm. Principe premier non démontrable

b. Les changements dans la vie des croyants. La conviction désormais inébranlable des apôtres même en face des persécutions. Ac. 3:12; 4:19-20
c. Les miracles opérés par le nom de Jésus-Christ. Mc.16:17-18
d. Les réponses extraordinaires à la prière des saints. Ac. 12:5, 17

III. **Sa consistance.**
1. La perpétuation[92] de l'Eglise bâtie avec le sang de Jésus-Christ. C'est la seule institution terrestre qu'on va connaitre dans le ciel puisqu'elle est l'épouse de Jésus-Christ. Ep.5: 25
2. Par la foi, Dieu **change notre condition** de pécheur. Ep.2:8
3. Par la foi, **il change notre position** par rapport à lui et à son Christ. Il nous a fait asseoir ensemble avec lui dans les lieux célestes. Ce n'est pas une position physique mais un mode de relation. Ep.2:6
4. Par foi, il nous donne **une nouvelle destination**: La vie éternelle auprès de Dieu. Jn.3:16

Conclusion
Ayez la foi. Gardez la foi. Vivez par la foi. Ayez le ciel pour prix de votre foi. Ge. 12: 1-3; Ga. 3:6-9, 16,18

---

[92] Perpétuation. Que l'on fait durer longtemps ou toujours

Questions

1. Remplissez les intervalles dans Hé.4:2
   Car cette bonne nouvelle _____
   _____, mais la parole
   _____ ne leur servit de rien

   _____trouvait _____
   chez ceux qui l'entendirent.
2. Quel est le but de la leçon?
   Présenter la foi comme le seul moyen de salut.
3. D'où vient la foi?
   De Dieu, de la Parole de Dieu mise en pratique.
4. Quelles en sont les preuves?
   a. Les changements dans la vie des croyants
   b. Leur courage devant les persécutions
   c. Les miracles opérés au nom de Jésus-Christ
   d. Les réponses extraordinaires à la prière des saints
5. Quelle est sa consistance?
   a. L'Eglise de Christ reste inébranlable.
   b. Dieu change notre condition de pécheur.
   c. Il change notre position par rapport à Christ.
   d. Il nous donne une nouvelle destination.
6. Remplissez les intervalles: il nous a
   _____ et nous a fait asseoir
   _____ dans les
   _____ en Jésus-Christ

Leçon 9
La place de la Loi dans la dispensation de la grâce

Textes pour la préparation : Ex.20:19-22; Mt.5:18; Lu.10:23-28; 16: 16-22; Jn.1:17; 19:30; Ac.4:12; 6:7; Ro.3:20; 8:14-17; 10:4; 2Co.5:2-4; Ga.3:7-25; 1Ti.1: 9-10; He.7:25
Verset à lire en classe: Ga.4:1-7
Verset de mémoire : Ainsi, tu n'es plus esclave, mais fils; et si tu es fils, tu es aussi héritier par la grâce de Dieu. **Ga.4:7**
Méthodes: Discussion, comparaisons, questions
But: Montrer le rôle temporaire de la Loi avant la venue de la grâce.

Introduction
Le plus grand danger suspendu sur la tête du croyant est de croire qu'il peut vivre sous la loi et la grâce en même temps. C'est cet autre Evangile duquel Paul tenait à nous mettre en garde. En voici les raisons.

I. La Loi est une dispensation achevée.
1. Elle a subsisté **jusqu'** à Jean, mais pas **après** Jean. Lu.16:16 Dès lors le royaume de Dieu est annoncé.
   La Charte[93] du royaume de Christ nous est donnée dans le Sermon sur la Montagne,

---
[93] Charte nf. Loi, règle fondamentale

dans l'Evangile selon Mathieu, du chapitre cinq au chapitre sept inclusivement.
2. Il ne faut pas la confondre avec les dix commandements donnés sur la Montagne du Sinaï et qui faisaient trembler les enfants d'Israël. Ex.20:19-22
3. La Loi sera abolie quand toutes les prophéties sur la venue de Jésus-Christ et sa mission seraient accomplies. Mt. 5: 18 ; Hé.7:18-19
4. En effet, avant de mourir sur la croix, Jésus cria «Tout est accompli.» Jn.19:30

II. La raison d'être de la Loi
1. Elle était donnée pour révéler la sainteté de Dieu et la hauteur que l'homme ne peut atteindre sans une grâce spéciale de Dieu.
2. Elle a été comme un professeur d'un jardin d'enfant, d'une classe maternelle. Lorsque Jésus vient avec le salut par la foi, nous ne sommes plus dans cette classe élémentaire. Ga.3:25
3. Elle est faite pour être appliquée sur les pécheurs et les immoraux. 1Ti. 1:9-10
4. Elle est faite pour dénoncer notre incapacité de nous sauver par nos œuvres. En effet, nos efforts pour aimer Dieu de tout notre cœur et notre prochain comme nous-mêmes sont vains. Jésus- Christ seul a pu y parvenir. Lu.10:22-28
5. Ainsi nous devons reconnaitre que Christ seul peut sauver parfaitement ceux qui s'approchent de Dieu par lui. He.7:25

III. **La mise en garde de l'apôtre Paul à tous les païens.**
 1. Qu'ils sachent que la justice vient de la foi et non de la loi. Ro.3:20
 2. Que Christ est à la fin de la loi pour la justification de tous ceux qui croient. Ro.10:2
 3. Qu'Abraham n'observait pas la Loi. Et puisque nous sommes les fils d'Abraham par la foi:
    a. Nous sommes les héritiers de Dieu selon la promesse. Ga.3:7
    b. Nous sommes fils de Dieu par adoption et cohéritiers de Christ. Ro.8: 15-17; Ga.3:7
    c. Nous bénéficions de la grâce de Dieu comme d'une dispensation pour tous les peuples.
    d. Si nous observons la Loi, nous sommes séparés de Christ. Nous sommes perdus. Ro.3:20
    e. Jésus est le second Adam qui vient nous délivrer de la condamnation occasionnée par le péché du premier Adam. 1Co.15:22
    f. **Selon la constitution théocratique du peuple d'Israël, les rois et les sacrificateurs devaient être de tribus différentes. Les sacrificateurs étaient de la tribu de Lévi. Les rois étaient recrutés dans la tribu de Juda. Jésus, ayant un sacerdoce royal, est sorti de la tribu de Juda tandis que Moise, étant sacrificateur, est sorti de la tribu de Lévi. Hé.7: 14 (1)**
    g. Il nous donne un paradis céleste et nous habille du manteau de sa justice. 2Co.5:2-4

h. A notre mort, nous irons dans le sein d'Abraham et non dans le sein de Moise. Lu. 16:22
i. C'est ce qu'avaient compris de nombreux sacrificateurs au point qu'ils ont abandonné La loi, le Sabbat et leurs synagogues pour venir accepter Jésus-Christ comme leur sauveur. Ac.6:7

Conclusion

Si vous observez la Loi et le Sabbat faits pour les juifs, je vous demanderai à quelle tribu vous appartenez. Jésus n'est pas un Dieu tribal mais mondial. Laissez les juifs dans leur synagogue et vous, venez recevoir Jésus-Christ dans vos cœurs.

Questions

1. Quel est le plus grand danger suspendu sur la tête d'un croyant?
   Croire qu'il peut vivre sous la Loi et la grâce en même temps.
2. Quelle est la limite de la Loi? Elle a subsisté jusqu'à Jean.
3. Quand toute la Loi fut-elle accomplie?
   A la mort de Jésus sur la croix comme l'agneau de Dieu qui efface le péché du monde.
4. Quelle a été sa déclaration avant de mourir?
   Tout est accompli.
5. Quel était le but de la Loi?
   a. Nous révéler la Sainteté de Dieu
   b. Nous montrer notre incapacité de nous sauver par nos œuvres
   c. Nous conduire à Christ comme le seul moyen de salut
6. De quoi Paul voulait-il garder les païens convertis?
   Il voulait leur interdire l'observation de la Loi
7. Pourquoi?

a. Parce qu'ils sont fils d'Abraham, héritiers de la promesse
b. Parce qu'ils sont sauvés par grâce et justifiés par la foi
c. Parce qu'ils sont les enfants adoptifs de Dieu.
d. Parce que, dans l'éternité, ils iront dans le sein d'Abraham et non dans le sein de Moise.
8. Qui abandonnait la Loi et le Sabbat pour se convertir?
De nombreux sacrificateurs.

---

(1) Après la mort du roi Salomon, le royaume de Juda connut un schisme avec Roboam et Jéroboam. Dix Tribus d'Israël se rangèrent derrière Jéroboam pour le plus grand malheur de la nation. 1R.12 : 10-33

Leçon 10
Le Sabbat

Textes pour la préparation : Ex.31:16; No.15:32-36; De.5:15; Lam.2:6; Osee.2:13; Mt.11:28-29; Mc.2:27; Jn.5:16-18; 2Co.6:2; Ga.4:10; 2Th.1:8; Hé.4: 9
Verset à lire en classe: Mc.2:23-28
Verset de mémoire : Puis il leur dit: Le Sabbat a été fait pour l'homme et non l'homme pour le Sabbat. **Mc.2:27**
Méthodes: Discussion, comparaisons, questions
But : Montrer que le croyant ne doit plus observer le Sabbat.

Introduction
Une religion basée sur un jour et l'observation d'une Loi. Quel est ce jour? On l'appelle «le jour du Sabbat». Trouvons sa place dans l'économie[94] du salut.

I. Ce qu'il implique
1. Un temps de recueillement pour le peuple d'Israël pour se rappeler de son esclavage en Egypte. De.5: 15
   C'était une alliance perpétuelle entre Dieu et son peuple. Ex.31:16
   Les peuples païens n'y étaient pas soumis.
2. Il devait être strictement observé. Israël connut des punitions sévères pour l'avoir violé. Pour avoir ramassé du bois le jour du Sabbat un juif fut lapidé mais pas un païen. No.15:32-36

---

[94] Economie nf. *Didact.* Organisation, structure

II. Notre Sabbat

1. Jésus est notre sabbat. Hé. 4:9 Il n'est pas un jour mais une personne. Jésus nous offre le repos et non un jour de repos. Mt.11:28
Nous étions esclaves du péché; Christ vient nous donner le repos qui n'est ni samedi, ni dimanche mais lui-même. Ro.5 :8
2. Il envoie les apôtres à travers le monde pour prêcher. Il promet d'être avec eux tous les jours, sans aucune restriction dans cette tâche. C'est pourquoi ll ne leur avait pas dit: «je serai avec vous tous les jours», sauf le jour du Sabbat. Mt. 28:20
3. Le jour du salut n'est ni **samedi** ni **dimanche**. Le jour du salut est **aujourd'hui**. Ce jour n'est pas figuré dans aucun almanach[95]. 2Co.6:2
4. Il en est de même du jour du jugement pour punir ceux qui ne connaissent pas Dieu et qui n'obéissent pas à l'Evangile de notre Seigneur Jésus-Christ. 2Th.1:8
5. Paul s'étonne de ce que les Galates convertis observent les jours, les temps et les années. Il les supplie d'enlever ce carcan[96] de leur tête. Ga.4:10
6. Jésus a fait croire que le Sabbat n'était pas nullement indispensable. Il nous place au-dessus de la religion. Mc.2:27
7. Jésus a même violé le sabbat. Il est notre Sabbat, pas un jour. Jn.5: 16
8. Voilà pourquoi les juifs voulaient le tuer. Jn.5:18

---

[95] Almanach nm. Calendrier
[96] Carcan. Nm. *Fig*. Ce qui entrave la liberté, qui contraint, asservit

III. La fin du sabbat
Dieu avait promis d'éliminer le Sabbat dans la nouvelle dispensation. Osée 2:13; Lam .2:6

Conclusion
Prenez sur vous le joug de Christ et vous aurez la paix dans votre âme. Mt.11:29

Questions
1. Pourquoi les juifs devaient-ils observer le Sabbat?
   a. Pour se reposer
   b. Pour se rappeler de leur délivrance de l'esclavage en Egypte.
2. Quel était la punition infligée à sa violation? La mort
3. Que symbolise le sabbat pour le chrétien?
   Christ est notre sabbat.
4. Pourquoi? Il nous donne le repos et non un jour de repos.
5. Comment? Nous avons le repos de toutes nos œuvres mortes que nous accomplissions autrefois.
6. Pourquoi n'a-t-il pas donné des restrictions aux apôtres dans la Grande Commission?
   Parce qu'il ne voulait pas entraver sa mission qui était de gagner le monde.
7. Pourquoi les juifs voulaient-ils le tuer?
   Parce qu'il violait le sabbat
8. Si le sabbat était une alliance perpétuelle pourquoi les païens ne l'observent-ils pas?
   a. Dieu avait promis de l'abandonner.
   b. Les païens n'étaient jamais sous la loi juive.
9. Sous quel joug devons-nous nous placer?
   Sous le joug de Christ

Leçon 11
La vie du croyant en Christ.

Textes pour la préparation : Ps.91:13; Mt. 7:7; 28:20; Mc.16:17-18; Lu.10: 19; Jn.8:36; Ga.5:1-20; Ja.4:2-3
Verset à lire en classe: Ga.5:13-21
Verset de mémoire: Que le péché ne règne point dans votre corps mortel et n'obéissez pas à ses convoitises. Ro.6:12
Méthode: Discours, comparaisons, questions
But : Mettre les chrétiens en garde contre une vie charnelle.

Introduction
Qu'il est beau de savoir que nous sommes libres! Libres des vieilles restrictions, libre de la peur, libre des soucis du lendemain! Depuis quand alors? Depuis le jour où Christ a posé l'acte de notre Rédemption à la croix du calvaire. Comment définir cette liberté?
I. La liberté absolue par rapport à la Loi.
   Jn.8:36; Ga. 5:1
   1. La liberté pour servir Dieu tous les jours et non en un jour ou à une date fixes car Christ sera avec vous tous les jours. Mt 28:20
   2. La liberté manifestée par l'autorité
      a. pour marcher sur toutes les puissances de l'ennemi.
         Ps.91: 13; Lu.10:19
      b. Pour chasser les mauvais esprits. Mc.16: 17
      c. Pour guérir les malades. Mc.16:18
   3. La liberté et non la licence pour faire   ce qu'on veut. Ga.5: 13

On doit vivre dans la sainteté en marchant selon l'Esprit. Ga.5: 16
a. Par une vie sainte. On doit s'éloigner de la débauche: c'est le nom indiqué pour l'adultère et la fornication.
b. Par une vie livrée à Dieu. On doit s'éloigner de la magie noire ou blanche, de la divination[97], des table-tournantes[98], de la nécromancie[99], de la cartomancie[100], de la télékinésie[101], de la chiromancie[102] de l'idolâtrie, de la franc-maçonnerie[103] et le rosicrucianisme[104].
c. Par une vie paisible. On doit s'éloigner des disputes, des querelles, de la jalousie car le Dieu qui bénît Pierre peut aussi bénir Jean. « Demandez et vous recevrez, » dit Jésus. Mt.7 :7 Demandez bien, dit Jacques, pour recevoir. Ja.4:2-3
d. Par une vie réservée et contrôlée. On doit s'éloigner de l'esprit de division, de l'esprit de

---

[97] Divination nf. Capacité supposée à prévoir l'avenir par l'interprétation de certains phénomènes.
[98] Table-Tournante nf. Pièce de table où l'on exerce la magie
[99] Nécromancie nf. Evocation des morts pour connaitre l'avenir
[100] Cartomancie nf. Divination par les cartes à jouer
[101] Télékinésie nf. Mouvement spontané d'objets sans intervention d'une force ou d'une énergie observable
[102] Chiromancie nf Procédé de divination fondé sur l'étude de la main (forme, ligne)
[103] Franc-maçonnerie nf. Une société secrète fondée sur la fraternité sans discrimination
[104] Rosicrucianisme. Nm. Partie de la franc-maçonnerie

parti et de groupement. Les croyants réellement convertis ne font rien en cachette ou en public pour diviser l'Eglise de Dieu et les familles. Ga. 5:20

e. Une vie éloignée des choses semblables. Que sont-elles ?

L'addiction[105] à la bière, aux danses où Dieu n'est pas, aux complots bien monté, à l'hypocrisie, aux démarches pour détruire la réputation d'un chrétien, partant pour détruire la popularité de Jésus-Christ et empêcher aux inconvertis d'accepter Christ comme sauveur, les vols déguisés et les jeux de lottos.

Conclusion

Voilà en gros les caractéristiques du croyant affranchi de la Loi : Sa vie morale est vérifiée à toutes épreuves. Qu'il en soit ainsi pour vous !

Questions

1. De quoi la grâce de Christ nous a-t-elle libérés ?
   a. Du joug de la Loi
   b. De de la peur,
   c. Des puissances du malin
   d. Des restrictions sur les jours, le boire et le manger.
2. Peut-on alors faire ce qu'on veut ? Non
3. Pourquoi ? La liberté n'est pas la licence
4. Comment le chrétien doit-il se comporter?
   a. Par une vie loin de la superstition
   b. Par une vie calme

---

[105] Addiction n.f. Toxicomanie

    c. Par une vie dans l'union
    d. Par une vie réservée et contrôlée
5. Quelle sera alors son autorité ?
    a. Il pourra guérir les malades.
    b. Chasser les démons.
    c. Marcher sur la puissance de l'ennemi
    d. Parler la nouvelle langue de l'amour et de la paix.
6. Remplissez les intervalles dans Ga. 5: 19-21
Les œuvres de la chair sont _____
Ce sont _____ le dérèglement,
L'idolâtrie _____
Les animosités _____ les sectes _____ l'ivrognerie,
_____ et les choses semblables.
Je vous le dis d'avance comme je l'ai déjà dit, _____
_____ n'hériteront point le
_____

Leçon 12
Les caractéristiques du fruit de l'Esprit

Textes pour la préparation : La.3:26; Mt. 5:44; 17:21; Jn.3:16; Ac. 2 4, 5-12,41; 5:41; Ro.5:1; Ga.5:1-26; 6: 6-10; Ep.3:16; 5:25; 6:16; 1Ti.1:5; 2Pi.1: 5-10
Verset à lire en classe: Ga. 5: 22-26
Verset de mémoire: Si nous vivons par l'Esprit, marchons aussi selon l'Esprit. **Ga.5: 25**
Méthodes: Discours, comparaisons, questions
But: Présenter l'état d'un chrétien en bonne santé spirituelle.

Introduction
En lisant le chapitre cinq de l'Epitre aux Galates du verset 5 au verset 22, notre esprit est alerté[106] par une faute de grammaire: L'apôtre Paul cite neuf fruits de l'Esprit et pourtant, il dit LE FRUIT DE L'ESPRIT. Devons-nous corriger Paul et la Bible?

I. Explication scientifique
Certains fruits ont en eux plusieurs éléments que nous appelons vitamines. Chaque vitamine a sa propriété pour contribuer au bon fonctionnement de notre organisme. Si l'un des éléments manque, vous avez un fruit mais avec un nom différent.

II. Explication théologique
   1. L'Esprit est notre source d'alimentation spirituelle. La sève de la grâce de Dieu circule en nous pour produire un résultat. Ce résultat

---
[106] Alerter v.t Prévenir quelqu'un d'un danger

est LE FRUIT DE L'ESPRIT. Nous avons neuf éléments qui apparaissent dans ce fruit. Ce fruit en réalité révèle notre caractère chrétien. Si un des éléments manque, nous avons un autre nom. C'est pourquoi l'apôtre Paul prie pour que nous soyons fortifiés dans l'homme intérieur[107]. Ep.3:16
Voyons chaque élément du fruit de l'Esprit :
a. **L'amour**. Notre amour doit être non pas une sensation émotionnelle mais une attitude spirituelle qui cherche le bien de l'autre même à nos propres frais. Ep.5:25; 1Ti.1:5
b. **La joie**. Une attitude spirituelle provenant de la relation avec Dieu et non de la possession des biens matériels. Ac.5:41
c. **La paix**. Une attitude spirituelle provenant de la relation avec Dieu et d'une bonne conscience dans nos actes et dans les rapports avec le prochain. Ro.5:1
d. **La patience**. C'est aussi une attitude spirituelle qui nous permet de supporter ceux qui ne sont pas supportables. Elle marche avec la foi pour attendre le secours de l'Eternel. La. 3:26; Mt. 17:21
e. **La bonté**. Une attitude de cœur pour servir même ceux qui ne sont pas serviables, pour faire du bien à nos leaders et à tous. Mt. 5:44; Ga.6: 6, 9-10
f. **La bienveillance**. Une attitude spirituelle qui s'exprime par l'esprit de compréhension et de pardon. Vous êtes dans un enfer si vous vivez auprès de gens qui vous reprochent pour un

---

[107] Homme intérieur. Notre vie spirituelle

cric ou pour un crac. Mais vous êtes heureux de recevoir le support d'autrui au nom de l'amour en Christ. Ga.6:2

g. **La foi.** Une disposition spirituelle pour communiquer avec Dieu et repousser les attaques de Satan. Ep.6: 16

h. **La douceur.** Une attitude spirituelle où l'on s'adresse au prochain avec charité dans le langage et dans les attitudes. Il ne faut pas la confondre avec la faiblesse ou la mollesse. Ga.6:1

i. **La maitrise de soi.** C'est un corollaire[108] de la foi et de la patience. C'est une attitude spirituelle où l'on garde le calme devant les attaques soudaines sachant que Dieu va intervenir. Il ne faut jamais la confondre avec l'inaction.

Tous ces éléments se joignent l'un à l'autre pour représenter le FRUIT DE L'ESPRIT. L'un ne marche sans l'autre. Nous avons donc pour devoir de les vérifier dans notre vie personnelle et dans notre relation avec les autres afin de nous remonter dans le jeûne et la prière.

III. **Remarques** :

Le PARLER EN LANGUE n'est pas du nombre de ces éléments. Pourquoi?

1. Il n'est pas obligatoire de parler en langue pour être chrétien.
2. LE PARLER EN LANGUE était un besoin historique pour lancer le message de

---

[108] Corollaire n.m. Conséquence nécessaire et évidente

l'Evangile. Il n'était jamais une situation indispensable et permanente. Ac.2: 4, 5,12
3. LE PARLER EN LANGUE n'a jamais été une condition pour obtenir le salut. Il faut plutôt la foi en Christ. Jn.3:16
4. Cependant, Dieu peut s'en servir au besoin pour faire des miracles extraordinaires en vue de la conversion des incrédules. Ac.2: 41

Conclusion

Le fruit n'est jamais au service de l'arbre mais au profit des autres. Que ces éléments soient en vous en abondance afin de servir au bien-être du plus grand nombre. 2Pi.1 5-10

Questions

1. Citez les éléments du fruit de l'Esprit.
   L'amour, la joie, la paix, la patience, la bienveillance, la bonté, la foi, la douceur, la maitrise de soi.
2. Qu'arrive-t-il si un des éléments manque?
   Notre vie spirituelle va broncher.
3. Qui fortifie en nous ces éléments?
   L'Esprit Saint
4. Comment interprète-t-il l'amour?
   Comme une attitude spirituelle au lieu d'être un sentiment émotionnel.
5. Pourquoi le Parler En Langue n'est-il pas compté comme un fruit de l'Esprit?
   a. Quelqu'un peut parler plusieurs langues sans être pour autant chrétien.
   b. Il n'est pas obligatoire pour le salut.

Récapitulation des versets

Leçon 1
O Galates dépourvus de sens ! Qui vous a fascinés, vous aux yeux de qui Jésus-Christ a été peint comme crucifié ?
Ga.3 :1

Leçon 2
Nous l'avons dit précédemment, et je le répète à cette heure: si quelqu'un vous annonce un évangile s'écartant de celui que vous avez reçu, qu'il soit anathème! Ga.1 :9

Leçon 3
Et quelle est la grande nation qui ait des lois et des ordonnances justes, comme toute cette loi que je vous présente aujourd'hui ? De. 4 :8

Leçon 4
Et il m'a dit: ma grâce te suffit; car ma puissance s'accomplit dans la faiblesse. 2Co.12: 9b

Leçon 5
Et si vous êtes à Christ, vous êtes donc la descendance d'Abraham, héritiers selon la promesse. Ga.3 : 29

Leçon 6
En effet, si la première alliance avait été sans défaut, il n'aurait pas été question de la remplacer par une seconde. He.8 : 7

Leçon 7
Il prit de même la coupe, après le souper, et la leur donna, en disant: Cette coupe est la nouvelle alliance en mon sang qui est répandu pour vous. Lu.22:20

Leçon 8
Et que nul ne soit justifié par la loi; cela est évident, puisqu'il est écrit: Le juste vivra par la foi. Ga.3:11

Leçon 9
Ainsi, tu n'es plus esclave, mais fils ; et si tu es fils, tu es aussi héritier par la grâce de Dieu. Ga.4:7

Leçon 10
Puis il leur dit : Le sabbat a été fait pour l'homme et non l'homme pour le Sabbat. Mc.2:27

Leçon 11
Que le péché ne règne point dans votre corps mortel et n'obéissez pas à ses convoitises. Ro.6:12

Leçon 12
Si nous vivons par l'Esprit, marchons aussi selon l'Esprit. Ga.5 : 25

Série IV

Le ministère

Des Anges

Avant-propos

Avec cette série nous atteignons la sphère[109] de l'invisible, un monde bien étrange qui nous est connu seulement que par révélation. Il nous est donné de comprendre que les univers de Dieu sont peuplés d'êtres de dimensions et de substances différentes des nôtres. A ce stade, nous allons nous limiter aux données de la Bible en évitant autant que possible, toute spéculation[110] de nature à soulever des discussions stériles.

L'auteur

---

[109] Sphère nf. Milieu dans lequel s'exerce une activité
[110] Spéculation Théorie

Leçon 1
Les anges

Textes pour la préparation : Ps. 103:20; 148:2,5; Job.38:4-7; Da.10:6; Mt. 13:32; 22:30; Lu.9:26; Jn.20:12; Ga.2:20; Col.1:16; 3:1-4; Hé.1:14; 1Pi.1:15; Ap.15:6; 19:10; 22:8-9

Versets à lire en classe : Ps.102 :19-22

Verset de mémoire : Bénissez l'Eternel, vous ses anges, qui êtes puissants en force, et qui exécutez ses ordres en obéissant à la voix de sa parole ! **Ps.103 :20**

Méthodes : Discours, comparaisons, questions

But : Identifier les anges comme des êtres invisibles en relation avec Dieu leur créateur et les hommes.

Introduction
Savez-vous que notre planète est souvent visitée par des êtres incorporels[111] ? Nous les appelons anges. Qui sont-ils en fait ?

I. Définition
René Pache (1) rapporte qu'ils sont mentionnés cent huit fois dans l'Ancien Testament et cent soixante-cinq fois dans le Nouveau Testament. Qu'on les appelle extraterrestres ou créatures célestes, ils sont des habitants d'un autre monde et leur raison d'être sur notre planète est seulement explicable que par l'intervention d'une force qui leur est supérieure. Cette force c'est Dieu, le maitre souverain de toutes choses.

---

[111] Incorporel adj. Qui n'a pas de corps, immatériel

II. **Leur nature** :
1. Ils sont des êtres immatériels créés par Christ lui-même. Les anges sont asexués[112] et sont appelés « fils de Dieu » mais jamais « fils d'anges ». Mt. 22 :30 ; Col.1 :16
Ils ne sont soumis à aucune hérédité. Ils sont totalement responsables de leurs actes et ne connaitront ni conversion ni rédemption.
2. Ils étaient déjà présents à la création du monde physique. Job.38 : 4,7
3. Ils sont aussi appelés «envoyés». Mais, de par leur nature, Ils sont des esprits au service de Dieu. Ps.148 : 2, 5 ; Hé.1 :14
Cependant, malgré leur sagesse, ils ne sont pas omniscients. Ils ignorent le jour du retour du Seigneur. M.13 : 32
Ils refusent les hommages qui doivent s'adresser à Dieu seul. Ap. 19 :10 ; 22 :8-9
4. On ne peut évaluer leur dimension. On accepte seulement qu'ils sont puissants en force. Ps.103 : 20

III. **Caractéristiques**
1. Ils sont entourés d'une gloire éclatante. Da.10 :6
2. Les êtres incorporels ont ceci de commun : ils peuvent prendre n'importe quelle forme, n'importe quelle dimension pour remplir leur mission. Quand la Bible parle de leurs ailes, il n'y a rien de matériel en cela. **Etant esprits, ils n'en ont pas.** C'est plutôt un symbole ur

---

[112] Asexué adj. Qui n'a pas de sexe
René Pache L' Au-Delà

rapidité remarquable et de la précision de leur intervention, selon René Pache. (1)
3. Leurs vêtements sont d'une blancheur éclatante. C'est un signe caractéristique pour montrer qu'ils vivent dans la gloire de Dieu. Jn.20 :12 ; Apo.15 :6
4. C'est encore un signe particulier de leur vie de sainteté et de pureté. La condition de leur demeure le réclame.
5. C'est pour nous les humains, une suggestion de vivre dans un état pareil en attendant notre entrée dans la gloire de Jésus-Christ.
Pour que cette condition soit remplie nous devons être:
   a. crucifiés avec Christ et lui permettre de vivre en nous. Ga.2 :20
   b. ressuscités avec Christ pour mener une vie nouvelle. Col.3 :1
   c. Soucieux des choses d'en haut au mépris des choses d'en bas. Col.3 :1
   d. Assez humbles pour nous cacher en Christ afin que l'amour du monde ne nous séduise pas. Col.3 : 3
Le jour viendra où nous apparaîtrons avec Christ dans la gloire avec les anges. Lu.9 :26 ; Col.3 :4

Conclusion

Mais puisque celui qui nous a appelés est saint, nous aussi, soyons saints dans toute notre conduite. 1Pi.1 :15

---

(1) René Pache Au-Delà p. 87

Questions

1. Qui les a créés ? Jésus-Christ
2. Peuvent-ils enfanter ? Non
3. Pourquoi ? Ils sont les fils de Dieu et non fils d'anges
4. Pourquoi les représente-t-on avec des ailes ? Un esprit n'a pas d'ailes. On veut indiquer la rapidité et la précision de leur intervention.
5. Peut-on connaitre leurs dimensions ? Non. On dit seulement qu'ils sont puissants en force.
6. Remplissez les intervalles : Voici, j'envoie _____
   Pour te _____ en chemin _____
   Au lieu que j'ai préparé. Tiens-toi sur tes gardes en sa présence, et _____ ; ne lui résiste point
   Parce qu'il _____ car _____ Ex.23 :20

Leçon 2
L'ordre des anges

Textes pour la préparation: Ge.3 :22-24 ; Ex.25 :19-22 ; 2S.22 :11 ; Es.6 :2-3 ; Ez.10 :19-21 ; Da.10 :3 ; Mt.26 :53 ;   Lu.1 :19 ;   Jn.18 :36 ;   1Co.15 :52 ; 1Th.4 :16 ; Jud.9 ; Ap.12 :7
Versets à lire en classe : Col.1 :16-19
Verset de mémoire : Bénissez l'Eternel, vous toutes ses armées, qui êtes ses serviteurs et qui faites sa volonté. **Ps.**103 : 21
Méthodes : Discours, comparaisons, questions
But : Montrer que la hiérarchie[113] est établie depuis le ciel.

Introduction
Si les habitants de la terre obéissent au phénomène de la reproduction, qu'en est-il des anges? Voyons comment ils se présentent.
I. **Par ordre**
   1. **L'ordre des chérubins**
      a. Ils sont appelés «chérubins protecteurs». Eux, ils ont quatre ailes. Ez.10 : 19-21.
      b. Nous les voyons dans le jardin d'Eden pour interdire à Adam et Eve l'accès à l'arbre de vie. Ge.3 :22-24
      c. Deux chérubins sont placés sur le propitiatoire. C'était, dans le Désert du Sinaï, le lieu de rendez-vous où Dieu donna

---

[113] Hiérarchie nf. Classement des fonctions, des dignités, des pouvoirs dans un groupe social selon un rapport de subordination et d'importances respectives

ses ordres à Moise pour les enfants d'Israël. Ex.25 : 19-22
d. L'Eternel monte sur un chérubin pour exprimer sa majesté dans la défense de son serviteur David en péril. 2S.22 : 11

2. L'ordre des séraphins
a. Ils sont appelés aussi les brillants. Eux, ils ont six ailes ; deux dont ils se couvrent la face, deux dont ils se couvrent les pieds et deux dont ils se servent pour voler. Es. 6 : 2
b. Ils forment le chœur des anges pour donner gloire à Dieu. Es.6 : 3

3. L'ordre des archanges
a. Ce sont les «chefs des anges» ayant chacun son affectation.
b. Le plus connu est l'archange Michel appelé « le défenseur d'Israël ».
c. Il volait au secours de Daniel contre le roi de Perse. Da.10 :3
d. Il volait au secours de Moise pour protéger ses dépouilles mortelles[114] contre Satan le Diable. Jude. 9
e. Il apparaitra encore dans les derniers temps pour la bataille finale contre le dragon et les mauvais anges. Ap.12 : 7
f. L'un d'eux sera le précurseur de Jésus-Christ à son avènement. Il fera entendre sa voix. 1Th.4 :16

Retenez qu'il appartient à Jésus d'emboucher la trompette de Dieu au son de laquelle les morts en Christ ressusciteront. Pourquoi ? C'est parce que Jésus est la résurrection et la vie. Jn. 11 : 25 :

---

[114] Dépouilles mortelles . cadavre

Lui seul peut nous changer et nous donner le corps glorieux pour avoir accès à sa demeure.1Co.15 : 52
4. **Les anges**
   a. Nous connaissons l'ange Gabriel. Il était délégué auprès d'Elizabeth, la femme du sacrificateur Zacharie pour lui annoncer la naissance de Jean. Lu.1 :13,19
   b. Il était aussi auprès de Marie pour lui annoncer son immaculée conception. Lu.1 :26, 36
   c. Les anges forment l'armée de Dieu et se divisent en légions. Ce terme est emprunté de la culture romaine qui dominait Israël en ce temps-là. Chaque légion comptait 6,000 soldats. Partant de cette idée, nous pouvons déduire qu'une légion d'anges comptait des milliers d'anges. Jn.18 :36
   Quand Jésus parlait de ses serviteurs qui auraient combattu pour lui, il ne parlait pas des pauvres disciples mais des milliers d'anges mis à son service pendant son ministère terrestre. Mt. 26 :53

Conclusion

Respections les ordres hiérarchiques sans nous croire humiliés pour autant. Le jour viendra où Jésus nous élèvera.

Questions
1. Qui sont les anges ?
   L'armée des cieux
2. Qui en était le plus connu ?
   L'Ange Gabriel
3. Où l'avions-nous vu?

Dans l'annonce de la naissance de Jean-Baptiste et celle de l'immaculée conception de Marie.
4. Combien en sont-ils ?
Des millions
5. Qui sont les chérubins?
Des anges protecteurs
6. Qui sont les séraphins?
C'est le chœur des anges
7. Qui sont les archanges?
Ce sont les chefs d'anges
8. Qui en était le plus connu?
L'Archange Michel
9. D'où l'avions nous vu à l'œuvre?
Pour seconder Daniel contre le roi de Perse et pour protéger le corps de Moise contre Satan le Diable.
10. Qui embouchera la trompette à l'avènement de Jésus-Christ ?
Jésus lui-même.
11. Pourquoi ?
Il est la résurrection et la vie

Leçon 3
Leur nombre

Textes pour la préparation : 2R.6 :16 ; 1Ch.21 :15-16 ; Ps. 34 :8 ; 46 :8 ; 148 :2, 5 ; Da.7 :10 ; He.12 :22 ; Ap.5 :11 ; Lu.2 :13
Versets à lire en classe: Lu.2 :8-14
Verset de mémoire : Il répondit : Ne crains point ; car ceux qui sont avec nous sont en plus grand nombre que ceux qui sont avec eux. 2R.6 :16
Méthodes : Discours, comparaisons, questions
But: Nous convaincre que le monde n'est pas un ensemble vide.
Introduction
En quoi le nombre des anges peut-il nous intéresser?

I. **Leur nombre**
   1. Ils sont en quantité innombrable. Hé.12 :22 Les anges ne se reproduisent pas et il semble qu'ils ont tous été suscités à la fois. « Dieu a commandé et ils ont été créés. » Ps.148 : 2,5
   2. Dans sa vision, Daniel en avait vu des myriades. Da.7 :10
   3. L'apôtre Jean aussi entendit la voix de millions d'anges autour du trône de Dieu. Ap.5 :11
   4. Luc fit mention d'une multitude de l'armée céleste qui venait assister à l'incarnation[115] du Sauveur du monde. Lu.2 :13

II. **Notre intérêt à le savoir.**
   1. Nous convaincre que le monde n'est pas un ensemble vide.

---

[115] Incarnation nf. Mystère de Dieu fait home en Jésus-Christ

a. Quand Guéhazi craignit pour sa peau devant l'armée syrienne, le prophète Elisée au contraire, observait un calme plat. Il était si conscient de la force spirituelle qui l'entourait, qu'il dit à Guéhazi : « Ne crains point, car ceux qui sont avec nous sont en plus grand nombre que ceux qui sont avec eux. » Et pour mieux le convaincre, il supplia Dieu d'ouvrir les yeux de son serviteur. C'est alors qu'il vit la montagne pleine de chevaux et de chars de feu autour du prophète. 2R.6 :17
b. Nous convaincre que nous ne sommes pas laissés pour notre compte. Tant que nous sommes citoyens de la planète Terre, les anges doivent remplir valablement leur ministère auprès nous. Ps.34 :8
c. Nous convaincre que Dieu a une administration d'urgence pour intervenir à la moindre alerte pour nous délivrer. David dira : «L'Eternel des armées est avec nous». Ps. 46 : 8
d. Il peut s'agir aussi de nous punir. David en goutait et s'en repentit amèrement. Il vit l'ange de l'Eternel qui se tenait entre le ciel et la terre, son épée nue à la main, tournée contre Jérusalem pour exterminer le peuple. 1Ch.21 :15-16

Conclusion

Rien ne suggère que leur nombre reste invariable. Mais un fait certain : après la sanction de Dieu infligée à Lucifer, aucune révolte dans le ciel n'est enregistrée.

Conclusion

Ne comptons pas sur notre nombre ou notre capacité. Disons avec Jésus « Seigneur, que ta volonté soit faite.»

Questions

1. En quoi le nombre des anges puisse-t-il nous intéresser ?
   a. Pour nous convaincre
   b. Que le monde n'est pas un ensemble vide
   c. Que nous ne sommes pas laissés pour notre compte.
   d. Que Dieu a une administration célère.
2. Qu'est-ce qui effrayait David à la vue de l'ange ?
   Son vol stationnaire entre le ciel et la terre, son épée nue à la main prête à fondre sur Jérusalem.
3. Qu'est-il advenu du corps des anges après la chute de Lucifer ?
   Aucune autre révolte n'est enregistrée dans le ciel.
4. Quelle leçon devons-nous tirer de tout cela ?
   Nous sommes sujets aux plus graves erreurs si nous nous fions à notre capacité.
5. Remplissez les intervalles : Et soudain il se joignit a l'ange _____ louant Dieu et disant : _____ et _____parmi les hommes qu'il agrée.Lu.2 :12-13

Leçon 4
Leurs rôles auprès de Dieu

Textes pour la préparation : Ge.19:15-22; 2S.24:16; Job.38:4-7 ; Da. 7:10; 12:1; 10:13, 20-21; 11:1; Jn.17:20; Ac. 2:39; 7:53; Ga.3:19; Ap. 5:11; 12:7-9; 20:1-2
Versets à lire en classe : 1Ch.21:13:17
Verset de mémoire: Mille milliers le servaient, et dix mille millions se tenaient en sa présence. **Da.7:10b**
Méthodes: Discours, comparaisons, questions
But : Admettre que Dieu nous fait une faveur en acceptant notre service.

Introduction
Nous revient-il de savoir quel est le rôle des anges? Et pourquoi pas, puisque Dieu a un but pour eux et pour nous aussi?

I. Voyons-les au service de Dieu
1. Ils assistent avec des cris de joie au déploiement de la création. Autant dire que l'armée céleste qu'ils constituent, préexistait à l'univers. Job. 38:4-7.
2. Ils remplissent le rôle d'huissiers dans la transmission de la loi à Moise sur le Sinaï. Ac. 7:53; Ga. 3:19
3. Ils étaient des secouristes pour exécuter les sauvetages de Lot et de toute sa famille; ils avaient même fait pression sur eux autrement, ils auraient péri dans le fléau de Sodome. Ge.19: 15-22; 2S.24:16

4. Ils participent au gouvernement des nations pour refreiner la stupidité des dirigeants et soustraire le peuple de Dieu de la rage des méchants. Da.12:1; 10:13, 20-21; 11:1
5. Ils combattent Satan et ses armées jusqu'à la complète victoire. Au moment où nous parlons, Ils sont légions ceux-là que Dieu veut sauver et que Satan veut perdre. On les rencontre partout et surtout dans les Centres De Péchés (Night-Club, Casino, bordels, les maisons closes, les gangues et les foyers de crime). Mais la promesse de salut est pour eux. Jésus avait prié pour eux et les apôtres en firent mention. Jn.17: 20; Ac.2:39; Ap. 12:7-9
Ainsi les anges sont obligés d'être auprès d'eux comme observateurs, comme garde-fou jusqu'à ce qu'ils prennent conscience pour retourner à Dieu. En ce jour-là, ils se réjouissent devant Dieu, même pour un seul pécheur qui se repent. Lu.15 :10
6. C'est un ange qui liera le Diable dans l'abime. Ap.20:1-2
7. Réunis devant le trône de Dieu, sans cesse ils l'adorent et le glorifient. Ap. 5:11; Da.7:10

Conclusion

Remplissons chacun notre rôle avec fidélité envers un Dieu qui ne doit rien à personne.

Questions

1. Ou étaient les anges à la création de l'univers ?
Dans la présence de Dieu.
2. Quel était leur rôle au Mont Sinaï ?
Transmettre la Loi à Moise

3. Quel rôle jouissaient-ils dans le sauvetage de Lot et sa famille ?
Le rôle de secouriste.
4. Quel est leur rôle dans le gouvernement des nations?
Refreiner la stupidité des dirigeants et protéger les enfants de Dieu.
5. Quel est leur rôle auprès des incroyants?
Se mettre à la disposition de tous ceux-là qui auront un jour à se convertir au Seigneur.
6. Quel est leur rôle devant le trône de Dieu?
Adorer Dieu sans cesse et le glorifier
7. Remplissez les intervalles : Dès l'aube _____ Insistèrent auprès de Lot en disant : _____ qui se trouvent ici, de peur _____ de la ville. Ge. 19 :15

Leçon 5
Leurs rôles auprès de Jésus-Christ

Textes pour la préparation : Mt.1 :20-24 ; 2 :13-19 ; 4 :11 ; 24 :31 ; 28 :2 ; Lu.1 :11-13 ; 2 :9-15 ; 9 :26 ; 12 :9 ; 22 :43 ; 24 :4 ; Ac.1 :11 ; Ep.1 :21 ; 1Th.4 :16 ; 1Pi.3 :22 ; Ap. 3 :5; 14 :10
Versets à lire en classe : Mt.26 :51-56
Verset de mémoire : Moi, Jésus, j'ai envoyé mon ange pour vous attester ces choses dans les Eglises. Je suis le rejeton et la postérité de David, l'Etoile brillante du matin. Ap.22 :16
Méthodes : discours, comparaisons, questions
But : Montrer l'étendue des pouvoirs de Jésus sur les anges

Introduction
Si nous apprenons à désobéir à Dieu, nous aurons honte devant les anges qui l'adorent et le servent.
I. Voyons-les au service de Jésus-Christ
1. L'ange Gabriel annonce la naissance du Sauveur à Marie, comme il avait prédit celle de son précurseur Jean-Baptiste au sacrificateur Zacharie. Lu.1 :11-13
2. Un ange avertit Joseph de la conception virginale de Marie. Mt.1 :20-24
3. Un ange apparut aux bergers la nuit de Noel pour leur donner l'adresse du Sauveur alors qu'une multitude de l'armée céleste entonne les louanges de Dieu. Lu.2 :9-15
4. Un ange avertit Joseph et Marie de fuir en Egypte pour protéger l'Enfant de la rage

d'Hérode. Les Egyptologues ont rapporté que la famille y avait passé trois ans sept mois et vingt-et-un jours. Après cette période, un ange les avertit de retourner en Palestine. Mt.2 : 13,19
5. Des anges vinrent servir Jésus après sa victoire sur Satan. Ils étaient, sans nul doute, des observateurs durant les trois scènes de la tentation. Mt.4 :11
6. Un ange vint du ciel fortifier Jésus pendant son agonie à Gethsémani. Lu.22 :43
7. Un ange vint du ciel pour rouler la pierre après sa résurrection. Mt. 28 :2 Et deux anges apparaissent aux femmes et proclament la glorieuse nouvelle. Lu. 24 :4
8. Au jour de l'ascension du Seigneur, les anges annoncent encore qu'il reviendra comme il s'en est allé. Ac.1 :11
9. Le Seigneur descendra du ciel pour chercher son Eglise à la voix d'un archange. 1Th.4 :16
10. Christ enverra ses anges pour rassembler ses élus des quatre coins de la terre. Mt. 24 :31
11. Le jugement dernier sera tenu par Christ en présence des anges ; celui qui aura renié Christ sera alors renié devant les anges de Dieu. Lu.12 : 9 ; 9 :26
12. Ceux-ci assisteront au tourment des impénitents dans l'enfer éternel. Ap.14 :10
13. Et enfin, c'est devant eux et devant son Père que Jésus « remettra les trophées » aux vainqueurs. Ap.3 :5
14. Voyez comment ils sont subordonnés à l'autorité de Christ! Ep.1 :21 ; 1Pi.3 :22

Conclusion

Puisque le gouvernement de Dieu comprend ces êtres invisibles, croyons qu'ils sont là pour notre bien ; mais soumettons-nous au Dieu invisible et présent pour éviter de subir son jugement.

Questions

1. Qui avertit Joseph de la conception virginale[116] de Marie? Un ange
2. Qui annonçait aux bergers de Bethléem la venue du Sauveur? Un ange
3. Qui avertit Joseph et Marie des dangers qui menacent Jésus? Un ange
4. Qui vint visiter Jésus après sa victoire sur les trois tentations? Des anges
5. Qui vint le fortifier dans son agonie à Gethsémani? Un ange
6. Qui nous rappelle du retour de Jésus-Christ au jour de l'Ascension? Deux anges
7. Qui assisteront au jugement dernier? Les anges
8. Au jour de la remise des diplômes dans le Ciel, qui en seront témoins? Les anges.
9. Qui maintenant peut nier l'existence des anges? Personne

---

[116] Conception virginale. Se dit de l'immaculée conception de Marie

Leçon 6
Leurs rôles auprès des croyants

Textes pour la préparation : Ge.19 :15-16 ; 20 :22 ; 21 :15-19 ; 28 :12; 1R.19 :5-8 ; Ps.91 :11 ; Da.3 :24-25 ; 6 :22 ; Mt.24 :31 ; Lu.15 :10 ; 16 :22 ; Jn.17 :20 ; Ac.2 :39 ; 5 :19 ; 8 :26 ; 10 :3-6 ; 12 :7-10 ; 27 : 23-24 ; He.1 :14 ;
Versets à lire en classe : Hé.1 :8-14
Verset de mémoire : Ne sont-ils pas des esprits au service de Dieu, envoyés pour exercer un ministère en faveur de ceux qui doivent hériter du salut? **Hé.1 :14**
Méthodes : Discours, comparaisons, questions
But : Montrer comment Dieu nous privilège en mettant des êtres célestes à notre service.

Introduction
Si ces êtres invisibles n'avaient pas eu une activité parmi les hommes, on aurait vite questionné leur raison d'être. Mais la Bible nous éclaire et met en lumière leurs actions pour notre bien-être.

I. Ils contribuent à notre salut
1. Ils remplissent un ministère en faveur de ceux qui doivent hériter du salut. Jn.17 :20 ; Ac.2 :39 C'est pourquoi ils les épargnent dans certaines situations jusqu'à ce qu'ils prennent conscience pour se repentir. Hé.1 :14
2. Vous comprenez pourquoi ils se réjouissent à la repentance d'un pécheur. Lu.15 :10
3. Jacob les voit qui montent et descendent de l'échelle entre le ciel et la terre pour le porter à se convertir. Ge. 28 : 12

Effectivement, Jacob a pris la décision de bâtir un temple pour Dieu et de verser ses dîmes. Ge.28 : 20-22

II. **Ils président à nos délivrances**
1. Un ange a sauvé Ismaël, le fils d'Agar. Ge. 21 :15-19
2. Un ange a sauvé le prophète Elie de la faim. La nourriture qu'il lui donne lui procure de la force pour marcher pendant quarante jours. 1R.19 : 5-8
3. Un ange mit Lot hors d' un danger imminnent. Ge. 19 : 15-16
4. Un ange descendit dans la fournaise ardente pour protéger les trois jeunes hébreux. Da. 3 :24-25
5. Un autre descend dans la fosse aux lions pour fermer leur gueule en vue d'épargner Daniel. Da.6 :22
6. Un ange descend dans la prison pour délivrer Pierre d'une mort certaine de la main d'Hérode. Ac.12 : 7-10 ; Ac.5 :19
7. Au milieu du naufrage, un ange était là pour sauver Paul. Ac. 27; 23-24

III. **Ils participent à notre conversion.**
1. Un ange conduisit Philippe dans un désert de Gaza pour sauver l'âme de l'eunuque[117] éthiopien. Ac. 8 : 26
2. Un ange révèle au capitaine Corneille le plan de Dieu pour le salut de son âme. Ac.10 : 3-6

---

[117] Eunuque nm. Homme castré chargé de surveiller les femmes chez musulmans

3. Les anges se comportent comme des taxis pour nous amener dans le lieu des rachetés. Lu.16 :22
4. Ils seront là pour rassembler les élus au retour de Christ. Mt. 24 :31
Enfin ces anges sont là pour nous garder dans toutes nos voies. Ils nous porteront sur les mains de peur que nos pieds ne heurtent contre une pierre. Ps. 91 :11

Conclusion

Vous voyez maintenant comment ils travaillent. Ils n'ont pas de corps pour dormir ou pour être fatigué. En une fraction de seconde, ils couvrent la distance du ciel à la terre. Exercez-vous à la fatigue dans l'œuvre du Seigneur afin de pouvoir glorifier Dieu avec eux dans l'éternité.

Questions

1. Quelle est la contribution des anges dans la conversion des pécheurs? Il les épargne de manière à les porter à la réflexion et à la conversion.
2. Comment se comportent-ils à la conversion d'une âme ? Ils se réjouissent devant Dieu.
3. Citez des bénéficiaires privilégiés de leur ministère.
   a. Ismaël, le fils d'Agar et d'Abraham face à la mort par la soif.
   b. Les trois jeunes hébreux face à la mort dans la fournaise ardente.
   c. Daniel délivré des lions dans une fosse.
   d. Pierre sauvé deux fois de justesse de la mort dans la prison.

4. Citez des conversions exceptionnelles grâce à l'intervention d'un ange
   a. Corneille, le capitaine de la cohorte italienne
   b. L'eunuque éthiopien, ministre dans la cour de la reine Candace
5. Qu'est ce qui les a rendus capable de remplir ce ministère?
   a. Ils n'ont pas de corps pour dormir ou pour être fatigué.
   b. Ils sont faits pour couvrir la distance entre le ciel et la terre en une fraction de seconde.
6. Remplissez les intervalles : Et voici _____ du Seigneur survint, et _____ dans la prison. _____ réveilla Pierre, et en disant : lève-toi promptement ! _____ de ses mains. Ac.12 : 7

Leçon 7
L'Ange de l'Eternel

Textes pour la préparation : Ge.16 :7-10 ;18 :10, 13-15 ; 22 :12 ; Ex.3 :2, 4-6 ; 14 :19-20 ; 23 :20-21 ; Jg.6 :20-23 ; 13 :18 ; Ps.34 :8 ; Es.9 :5 ; Zach.3 :1-5 ; Mt.1 :21 ; 28 :20 ; Jn.14 :14 ; 1Co.10 :4 ; Ep.2 :6 ;1Pi.1 :11 ; 1Jn.2 :1-2 ; Ap.12 ;10
Versets à lire en classe : Ps.34 :1-8
Verset de mémoire : L'Ange de l'Eternel campe autour de ceux qui le craignent et les arrache au danger. **Ps.34 :8**
Méthodes : Discours, comparaisons, questions
But : Présenter Jésus comme l'Ange de l'Eternel

Introduction
L'une des apparitions les plus frappantes dans l'Ancien Testament est celle de l'Ange de l'Eternel. Elle se distingue des autres par le fait que cet ange semble être en réalité le Seigneur lui-même se manifestant aux hommes. Comment le prouver?

I. Son contact avec des individus
1. Jésus, identifié à l'Ange de l'Eternel, parle personnellement à Agar et lui promet de multiplier sa postérité. Etant Dieu, il peut faire croitre et multiplier. Ge.16 : 7,10
2. Jésus, identifié à l'Ange de l'Eternel, promet la fécondité à Sara quand elle avait 90 ans. Ge.18 : 10, 13-15
3. Jésus, identifié à l'Ange de l'Eternel, arrêta le bras d'Abraham au moment où il allait frapper Isaac. Ecoutons-le parlant à Abraham : « N'avance pas ta main sur l'enfant… car je

sais maintenant que tu crains Dieu et que tu ne m'as pas refusé ton fils, ton unique ». Etant Dieu, lui seul peut exiger un sacrifice vivant. Ge.22 : 12
4. Jésus, identifié à l'Ange de l'Eternel, apparait à Moise au milieu du buisson. Ex.3 :2, et il se révèle en lui parlant comme étant Dieu lui-même. Dieu seul peut dire : « Je suis le Dieu d'Abraham, d'Isaac et de Jacob. Ex.3 :4-6.
5. Jésus, identifié à l'Ange de l'Eternel, allait devant le camp d'Israël, partit et alla derrière eux. Etant Dieu, lui seul peut présider à la libération de son peuple. Ex.14 :19-20
6. Jésus, identifié à l'Ange de l'Eternel prenait son lunch avec Gédéon. Nulle part dans la Bible on a vu un ange manger avec les vivants. Jésus, le Verbe incarné, mange avec les disciples. Jug.6 :20-23
7. Jésus, identifié à l'Ange de l'Eternel se révéla aux parents de Samson. Quand Manoa lui demanda son nom, il dit « qu'il est merveilleux » Jg.13 :18 Esaïe dira qu'on l'appellera « Admirable », c'est-à-dire, merveilleux. Es. 9 :5
8. Le rocher spirituel qui suivait les israélites dans le Désert était Christ. 1Co. 10 :4
9. Les prophètes de l'Ancien Testament parlaient par l'Esprit de Christ qui était en eux. 1Pi.1 :11
10. Il est donc parfaitement plausible de penser que l'Ange de l'Eternel, identifié à Dieu, était la manifestation du Christ lui-même. Ex.23 : 20-21
11. Il est l'Ange de l'Eternel pour nous arracher au danger. Ps. 34 :8

12. Il est notre avocat pour nous défendre devant les accusations de Satan.
    Zach. 3 :1-5 ; 1Jn. 2 :1-2 ; Ap. 12 :10
    a. Et maintenant, dans le Nouveau Testament, il prend des noms pour s'identifier à sa mission.
    b. On l'appelle Emmanuel pour signifier «Dieu avec nous.» Mt. 1 :21 ; 28 :20
    c. Il reste toujours l'Ange de l'Eternel pour nous tirer des griffes de Satan. Ps.34 :8
    d. Pour valider nos prières devant Dieu. Jn.14 :14

Conclusion

Je vous annonce que bientôt son nom ne sera plus l'Ange de l'Eternel mais l'époux à côté duquel nous serons tous assis. Veuillez à occuper cette place. Ep.2 :6

Questions

1. Pourquoi identifie-t-on Jésus à l'Ange de l'Eternel:
    a. Dans la promesse faite à Agar?
       Parce Christ seul est la résurrection et la vie. Lui seul peut faire croitre et multiplier.
    b. Dans le sacrifice d'Isaac?
       Parce que Dieu seul peut demander un sacrifice vivant.
    c. Dans le cas de Moise devant le buisson?
       Dieu seul peut dire : Je suis le Dieu d'Abraham, d'Isaac et de Jacob
    d. Dans la traversée de la Mer Rouge?
       Dieu seul a présidé à la libération de son peuple.

   e. Dans sa révélation à Manoa?
   Jésus seul est appelé « Merveilleux ou Admirable dans l'Ancien Testament
2. Quel nom prend-t-il dans le Nouveau Testament? Emmanuel
3. Quel est son rôle auprès de nous? Avocat, Conseiller, Ami, Dieu Puissant, Père Eternel, Prince de la Paix, docteur, Sauveur
4. Quel sera son dernier nom par rapport à l'Eglise? Epoux.

Leçon 8
Le pasteur, l'ange de l'Eglise

Textes pour la préparation : No.6 :23-27 ; Ez.3 :17 ; Ps.105 :15 ; Mt.16 :19 ; 1Co. 5 :13 ; 9 :16 ; 2Co.13 :13 ; 2Ti.4 :22 ; Hé.13 : 7, 17 ; Ap.2 : 1,8, 12,18
Versets à lire en classe : Hé.13 : 17-19
Verset de mémoire : Obéissez à vos conducteurs et ayez pour eux de la déférence, car ils veillent sur vos âmes dont ils devront rendre compte ; qu'il en soit ainsi afin qu'ils le fassent avec joie, et non en gémissant, ce qui ne vous serait d'aucun avantage. **Hé.13 : 17**
Méthodes : Discours, comparaisons, questions
But : Présenter le pasteur comme ministre plénipotentiaire[118] de Dieu devant son peuple.

Introduction
Dans ses visions apocalyptiques, l'apôtre Jean, identifie le pasteur à l'Ange de l'Eglise. Le sens n'est-il pas péjoratif? Pourquoi cette nouvelle connotation pour désigner le serviteur de Dieu? Ap.2 :1, 8, 12,18

I. Raison historique
L'apôtre Jean était en prison pour sa foi à l'île de Patmos dans les années 95 AD. C'est de là qu'il communiqua aux pasteurs des visions du Seigneur sur les choses dernières. Mais ne voulant pas se compromettre ainsi que ses correspondants, il emploie le terme ange au lieu de pasteur.

---

[118] Ministre plénipotentiaire Ministre avec plein pouvoir

II. Raisons théologiques
1. Dieu établit les pasteurs comme sentinelles dans sa maison pour recevoir son message et l'avertir au peuple. Ez.3 :17
2. La Bible nous recommande de leur obéir et de les respecter, car Ils veillent sur les âmes des fidèles desquelles ils doivent rendre compte à Dieu. Hé.13 : 17
3. Par conséquent, ils doivent leur transmettre le message de Dieu même au péril de leur vie. « Malheur à moi dit Paul, si je ne prêche pas l'Evangile ». 1Co.9 :16

III. Raisons spirituelles
1. Dieu bénit, juge ou punit une Eglise à partir de son pasteur.
   a. S'il choisit de vous bénir avec ce pasteur, suivez-le.
   b. S'il choisit de vous juger par le ministère de ce pasteur, acceptez-le.
   c. S'il choisit de vous punir par ce pasteur, pliez-vous sans conteste devant l'autorité de Dieu. Hé.13 :7
   d. Vous ne pourrez jamais contourner l'ordre de Dieu sans en subir les conséquences. Jn.20 :23

II. L'étendue de son pouvoir:
1. Il est donc fortement recommandé de ne pas laisser l'enceinte avant la bénédiction prononcée par votre pasteur.
2. Si Dieu décide de vous bénir par votre pasteur, gare à vous si vous vous mettez avec les médisants pour parler contre lui. C'est pourquoi Dieu dit : « Ne touchez pas à mes oints et ne faites pas de mal à mes prophètes ». Ps.105 : 15

3. Avec sa bénédiction, Aaron mettait la signature de Dieu sur les enfants d'Israël. No. 6 :23-27
4. Le pasteur a le droit de vous livrer à Satan pour votre blasphème. 1Co.5 :13
5. Il peut aussi vous bénir pour apprécier votre obéissance. 2Co.13 :13 ; 2Ti.4 :22
Ce qu'il fait sur la terre est ratifié dans le ciel. Mt.16 :19

Conclusion

Honorez ces messagers spirituels au nom du respect que vous avez pour Dieu.

Questions

1. Pourquoi l'apôtre Jean appelle-il Ange les pasteurs d'Eglise ?
   Pour ne pas se compromettre ainsi que les pasteurs dans sa correspondance.
2. Quelle était la nature de ses lettres ? Des visions sur les choses dernières qu'on appelle Apocalypse.
3. Quelles sont les raisons théologiques de cette correspondance?
   a. Dieu place les pasteurs comme sentinelles pour communiquer un message d'avertissement à son peuple.
   b. Pour rappeler aux fidèles leur devoir envers leur pasteur.
   c. Pour rappeler aux pasteurs de communiquer le message qu'importent les dangers qu'ils peuvent encourir.
4. Quelles en sont les raisons spirituelles?
   a. Dieu peut choisir de bénir, de juger ou de punir une Eglise à partir de son pasteur.
   b. Qu'elle doit l'accepter comme tel.

5. Quelle est l'étendue du pouvoir du pasteur ?
   a. Dieu reconnait ses décisions comme finales.
   b. Dieu met tout le monde en garde de le toucher.
   c. Le pasteur peut vous livrer à Satan pour punir votre blasphème.
   d. Il peut vous bénir pour apprécier votre obéissance.
6. Quel est le devoir des fidèles envers leur pasteur? De l'aimer, de lui obéir, de supporter son œuvre par leurs prières et leurs possessions matérielles.
7. Remplissez les intervalles : Souvenez-vous de vos _____ et, ayez pour eux de la _____

Car _____ dont ils devront rendre compte ; qu'il en soit ainsi afin qu'ils le fassent avec joie _____ ce qui ne vous serait _____ Hé. 13 :7

Leçon 9
Réformation

Textes pour la préparation : De.22 :5 ; Ps.1 :1-3 ; 119 :11 ; Mt.5 : 16, 37 ; Mc.10 :23 ; 16 :16 ; Ro.13 :11 ; Ep.5 :19 ; Col.3 :8 ; 1Ti.6 :6-8 ; Ja.1 :20 ; 5 :16 ; Hé.9 :27
Versets à lire en classe : Ro.1 : 13-17
Verset de mémoire: Car je n'ai point honte de l'Evangile : c'est la puissance de Dieu pour le salut de quiconque croit, du Juif premièrement, puis du Grec. **Ro.1 :16**
Méthodes : Discours, comparaisons, questions
But: Montrer comment nos ennemis peuvent aussi témoigner de notre conviction chrétienne.

Introduction

Je n'ai rien à vous apprendre si je vous dis que la Réformation est une constante[119] historique qui donne naissance au protestantisme et met entre les mains de nos frères, l'Evangile comme une planche de salut et la Bible comme une épée à deux tranchants.
La gloire n'est pas seulement à Martin Luther mais à tous ses précurseurs.
Je m'en voudrais de ne pas parler d'eux puisque nous ne pouvons les négliger par le fait qu'ils ont marqué des points sur l'échiquier de l'histoire par leur conviction chrétienne et leurs actes d'héroïsme.
1- **Les témoins de la vérité en Occident**.
   Depuis la conversion de l'empereur Constantin, la mondanité, la corruption, des activités

---

[119] Constante *Math*. Quantité qui conserve la même valeur

maléfiques[120] et des faujsses doctrines s'étaient introduites dans l'Eglise. En même temps la prétention de l'évêque de Rome fut d'imposer des enseignements fondés sur des traditions, au lieu de s'en tenir à la Parole de Dieu. A ce moment, beaucoup de fidèles ne voulurent pas abandonner les enseignements des apôtres. A cause de leur résistance, ils eurent à souffrir des persécutions et même la mort.

Il est si beau d'entendre le témoignage de l'inquisiteur[121] Rainero Sacchoni sur les chrétiens vaudois[122] :

« Tout bon catholique peut les reconnaitre et mettre la main sur eux. Vous les reconnaitrez à leur conduite et à leur langage.

1. Ce sont des gens, graves et modestes. Il n'y a ni luxe ni désordre dans leurs vêtements. De.22 :5
2. Ils sont sûrs en affaires et évitent les faux serments et les tromperies. Mt. 5 :37
3. Ils ne recherchent point les richesses, mais se contentement du nécessaire. Mc.10 : 23 ; 1Ti.6 : 6-8
4. Ils sont chastes et tempérants et fuient les tavernes et les lieux de divertissements. Jc.1 :20
5. Ils s'abstiennent de la colère, ils sont toujours à leur travail ou bien occupés à enseigner et à s'instruire mutuellement. Ep. 5 : 19

---

[120] Maléfique adj. Qui a une influence surnaturelle et malfaisante

[121] Inquisiteur *Hist.* membre d'un tribunal d'Inquisition. Leur enquête est considérée comme arbitraire et vexatoire.

[122] Vaudois adj. Qui appartient à la secte fondée à Lyon par Pierre Valdo au XIIe siècle.

6. On les reconnait à leur langage sobre et simple, exempts de paroles oiseuses. Ils ne se permettent ni conversations légères, ni mensonges, ni jugements. Col.3 :8
7. Ils rejettent la consécration des églises et des cimetières comme étant des inventions des prêtres dans un but fiscal.
8. Quelques-uns d'entre eux disent que le baptême des enfants ne sauve pas, puisqu'ils ne peuvent pas croire. Mc16 : 16
9. Ils disent que les prêtres ne peuvent pardonner les péchés; ils déclarent aussi qu'il n'y a point de purgatoire, que les prières pour les morts ne servent à rien. Ja.5 : 16 ; Hé.9 :27
10. Ils disent aussi que la Bible est un livre fermé et que seul le Saint-Esprit peut vous la faire comprendre. L'étude de la Bible était leur préoccupation. Les ouvriers n'ont pas de loisir dans la journée ; jour et nuit, ils ne font qu'étudier la Bible. Les femmes et les enfants font de même. Ps.1 : 1-3
11. N'importe quel paysan, même illettré, pouvait réciter le livre de Job par cœur et plusieurs pouvaient en faire autant pour le Nouveau Testament. Ps.119 : 11
12. Ceux qui venaient les persécuter confessaient n'avoir appris tant de la Bible que dans les contacts avec ces chrétiens. Mt.5 : 16
13. Ils se déguisaient en marchand pour aller prêcher l'Evangile.
Maintenant, vous en savez assez pour les identifier et les tuer.

Conclusion

En est-il de même de nos jours ? Puisque le salut est plus près de nous que le jour où nous avions cru, armons-nous de persévérance en attendant le son de la dernière trompette. Ro.13 :11

Questions

1. Comment était devenue l'Eglise après la conversion de l'Empereur Constantin ?
   a. Mondaine, corrompue, idolâtre, apostate[123].
   b. L'Evêque de Rome impose des enseignements sur la tradition
2. Qu'arrivait-il à ceux qui refusaient d'obéir à la tradition? Ils étaient persécutés.
3. Comment appelait-on les persécuteurs en ce temps-là? Inquisiteur.
4. Pourquoi? Ils vous posent des questions pour savoir si vous êtes chrétien pour qu'ils vous persécutent.
5. Citez-en un? Rainero Sacchoni
6. Comment d'après lui peut-on identifier les chrétiens sans se tromper?
   a. Par leur conduite et leur langage
   b. Par leur modestie dans les vêtements
   c. Par leur sobriété
   d. Par leur loyauté
   e. Par leur tempérance, leur vie mis a part
   f. Par leur simplicité
   g. Par leur dévouement pour la Parole

---

[123] Apostat. De apostasie. Abandon publique de la foi chretienne

h. Par leur connaissance de la Bible
7. Qu'est-ce qu'il nous apprend par-là?
   Ces chrétiens étaient sincères.
   Ils étaient concernés par le retour du Seigneur.
8. Remplissez les intervalles : ils vous excluront des synagogues _____ et _____ même _____ vous fera mourir croira _____ Jn.16 :2

Leçon 10
Thanksgiving

Textes pour la préparation: 2S.22 :4 ; Job.38 :4-7 ; Ps.22 :4 ; 33 :1 ; 48 :2 ; 100 :4 ; Es.61 :3 ; Jn.3 :16 ; Ac.16 : 25-26 ; Ro.13 :14 ; Ep.2 :8 ; Hé.13 :15 ; 1Pi.1 :7
Versets à lire en classe : Ps.118 :1-3
Verset de mémoire : Je te loue parce que tu m'as exaucé, parce que tu m'as sauvé. **Ps.118 :21**
Méthodes : Discours, comparaisons, questions
But : Rappeler à tous de manifester leur reconnaissance à Dieu par une offrande sacrificielle.
Introduction
Louez soit l'Eternel ! Béni soit l'Eternel ! Tel doit être le cri de tous les enfants de Dieu, de tous les sauvés par grâce et justifiés par la foi.
I. **Dieu siège au milieu des louanges.** Ps.22 :4
   1. Dans le ciel : il a créé les anges avant les univers pour qu'ils lui donnent gloire. Job.38 :4-7
   2. Sur la terre : il reçoit les louanges des hommes droits Ps.33 :1
II. **Il est l'objet de toutes les louanges.** Ps.48 : 2
   A) Pour ce qu'il est en lui-même:
      a. El-Shaddai, le Dieu Tout-Puissant
      b. El Olam, le Dieu d'éternité
   B) Pour ce qu'il est dans ses interventions en notre faveur :
      a. Jehovah-Jire, Dieu Providence
      b. Jehovah-Sidkenu : Dieu de justice
      c. Jehovah-Rapha : Dieu qui guérit
      d. Jehovah-Shamma : l'Eternel est ici. J'ai soif de sa présence.

III. **Il mérite d'être loué.**
1. Pour le salut gratuit. Jn.3 :16 ; Ep.2 :8
2. Pour les miracles opérés en notre faveur.
3. Pour les délivrances extraordinaires.
   a. Voyez comment il a délivré David d'une mort certaine ! Celui-ci l'a chanté dans 2S.22 :4
   b. Voyez comment il a délivré Paul et Silas du poteau d'exécution. Ac.16 : 26
   Ils étaient tellement sûrs de la délivrance miraculeuse qu'au fond de leur cellule ils louaient Dieu de tout cœur. Ac.16 :25
   Dieu se sentait obligé d'intervenir.

IV. **La louange un mode de vie**
1. Si on veut être béni, quand on entre dans l'Eglise; au lieu de chercher un ami pour causer, qu'on commence par louer Dieu. Ps.100 :4
2. Avant même de l'adorer, qu'on commence à le louer.
3. Que les mains soient levées pour dire « Vive l'Eternel ! Vive le roi de gloire ! »

IV. **Un vêtement de louange.** Es. 61 :3
L'uniforme distingue la personne et l'identifie au corps auquel elle appartient. Ainsi
1. Les militaires, les agents de police ont leur uniforme.
2. Certaines administrations publiques ou privées exigent le port d'un uniforme.
3. Les serviteurs des loas et des esprits ont leur uniforme.
4. Les chrétiens aussi faisant partie de l'armée de Christ doivent avoir leur uniforme en deux pièces:
Ils doivent se revêtir d'abord de Christ.

Ro. 13 :14
Ce vêtement porte la sainteté, la foi, l'amour, la justice et la vérité. Ils doivent porter aussi le vêtement de louange : Cette pièce porte la couleur de la joie du chrétien pour manifester sa reconnaissance envers un Dieu qui a tout donné pour notre salut. Jn.3 :16

V. Offrons à Dieu des sacrifices de louange.
He.13 : 15
La louange tout court ne suffit pas. Nous devons offrir à Dieu une chose qui nous coute. Avant d'être une fête de famille, Thanksgiving ou Actions De Grâces est une fête en l'honneur de l'Eternel. En ce jour-là, si vos offrandes ne dépassent pas les frais pour vos bombances. vous avez fait plaisir à vous-même, à vos amis et non à Dieu.
1. Quand nous affrontons une grande épreuve dans laquelle notre foi est sortie victorieuse.
2. Quand Dieu a ouvert pour nous des portes que personne ne pouvait ouvrir,
3. Quand Dieu nous fait des faveurs que d'autres nous avaient refusées. 1Pi.1 :7
4. Quand Dieu nous délivre de la maladie pour laquelle le docteur nous condamnait,
  Pourquoi ne pas dire avec David : « Je bénirai l'Eternel en tout temps et sa louange sera toujours dans ma bouche ? »

Conclusion
Louons donc l'Eternel avec tout notre être et tous nos biens. Il est digne de louange.

Questions

1. Quelle est la bonne adresse pour trouver Dieu?
   Au milieu des louanges
2. Qui lui donne gloire dans le ciel? Les anges
3. Qui lui donne gloire sur la terre? Les hommes droits
4. Pourquoi doit-on le louer?
   a. Pour ce qu'il est:
      El-Shaddai, El Olam Dieu Puissant et Eternel.
   b. Pour ce qu'il fait: Ses interventions en notre faveur
5. Que doit être la louange pour le chrétien?
   Un mode de vie
6. Qu'entendons-nous par vêtement de louange?
   Christ dans la vie du chrétien, une vie de sainteté, de foi, d'amour, de justice et de vérité.
7. Qu'entend-on par sacrifices de louanges?
   Des offrandes substantielles que nous présentons à Dieu à part nos chants.
8. Quand surtout doit-on s'attendre à les présenter?
   a. Après une grande délivrance
   b. Après de grands miracles opérés en notre faveur.
   c. En tout temps
9. Remplissez les intervalles : Si vous n'écoutez pas, si vous ne prenez à cœur _____, dit l'Eternel des armées, j'enverrai parmi vous _____ et je maudirai _____
   Oui, je les maudirai parce que _____

Mal. 2 :2

Leçon 11
Fête de la Bible

Textes pour la préparation : Ge.3:15; 12:3; Jos.1:1-9; Ps. 1:1-3; 119: 9,11,105; Pr.24:16; Es.65:25; Da.3:29; Mt. 16:17-18; Jn.8:36; 1Co.10:12; 11:32; 2Co.5:17; Ga.3:6-9, 16; Ep.3:9-10; 2Ti.3:16-17; Ja. 3:1; 4:5
Versets à lire en classe : 2Ti.3:14-17
Verset de mémoire: Toute Ecriture est inspirée de Dieu, et utile pour enseigner, pour convaincre, pour corriger, pour instruire dans la justice. 2Ti.3: 16
Méthodes: Discours, comparaisons, questions
But : Reconnaitre la Bible comme la seule autorité en matière de foi et de conduite.

Introduction
Aujourd'hui nous fêtons le plus grand livre au monde. Il vient du ciel. Un bien infiniment parfait des mains de l'infiniment grand donné en Testament à l'homme pécheur. A quoi le comparer dans la bibliothèque du monde ?
I. **Non pas avec des livres de facture humaine**
Des livres mystiques par exemple :
1. Petit Albert, Grand Albert, Emmanuel Sorcier, La Poule noire, Dragon Rouge, l'Ange conducteur. Tous donnent à l'homme accès aux choses de la terre ou au monde invisible où Satan à sa demeure.
2. **Non pas avec les livres de sciences.**
Tous donnent à l'homme accès aux choses de la terre où l'homme domine.

3. La Bible est la seule capable de nous mettre en communication avec Le Grand Invisible et nous donner la direction pour parvenir au ciel.
II. **L'autorité de la Bible se justifie** `
1. **Par l'accomplissement des promesses de Dieu.**
« Il dit et la chose arrive. »
   a. Exemples: Elle déclare que la postérité de la femme ou l'Eglise écrasera la tête de Satan.
Ge.3 :15 ; Mt. 16 :17-18 ; Ep.3 :9-10
L'autorité sur Satan est démontrée dans la puissance du chrétien à le chasser au nom de Jésus-Christ. Mc.16 :16-17
   c. Dieu a décidé que la descendance d'Abraham fût la lignée spirituelle avec Jésus-Christ par qui toutes les nations seront bénies. Ge.12 :3; Gal.3 :6-9,16

3. **Par les réponses aux prières.**
Le nom de Jésus est notre Carte de crédit, notre chèque, notre remède et notre guérison, la clé pour ouvrir toutes les portes, pour fermer les portes de l'enfer, pour donner du travail, pour obtenir un bon mariage pour toutes sortes de délivrances.
4. **Par la manifestation du Saint Esprit**
a. Dans la délivrance de Pierre Ac.12 :
b. De Daniel. Da.6 : 22-23
b. Dans la conversion de Nebucadnetsar. Da.3 :29
III. **Seule autorité en matière de conduite.**
Ps. 119 :9 ; 105, 11
1. Par la vie morale des chrétiens. Ps.1:1-6

2. Par leur succès obtenus grâce à leur fidélité à la Parole. Jos.1:1-9; Ps.1: 1-3
L'Esprit que Dieu met en nous est une partie de lui-même. Il sait ce dont nous sommes capables si nous l'utilisons bien. Voilà pourquoi Paul dit :
a. C'est avec jalousie que Dieu chérit l'Esprit qu'il met en nous. Ja.4 :5
b. Généralement, les chrétiens gardent la foi. Sept fois le juste tombe mais il se relève. Pr.24:16   Pourquoi ?
c. Parce que Dieu prend leur défense. Il les éprouve, les châtie pour qu'ils ne soient pas condamnés avec le monde. 1Co.11:32
d. Nul n'est fort. Quand vous vous croyez debout, vous êtes déjà tombé. Nous bronchons tous de plusieurs manières. Nous ne pouvons prétendre avoir la force pour résister au Diable. Mais avec Christ, nous sommes plus que vainqueurs. Ro. 8 :35 ; 1Co.10:12; Ja.3:1

IV. **Seule autorité pour provoquer un changement.**
Si quelqu'un est en Christ, il est une nouvelle créature. Tous nous pouvons témoigner de ce changement que lui seul a pu produire. 2Co.5 :17
Hier vous étiez faible devant le sexe, l'argent, la drogue, la violence. Mais aujourd'hui, Jésus a le contrôle de vos sens et de votre destinée. Ga.2 :20
Là où le vrai Évangile est prêché, il doit y avoir la paix et le progrès, la vie et l'amour.

V. **Seule autorité pour l'émancipation. Jn.8 :36**
    Des missionnaires sont envoyés par tout le monde pour sauver des peuples.
    1. Adoniram Judson en Burmanie,
    2. David Livingstone en Afrique du Sud,
    3. William Carey aux Indes,
    4. Arthur Groves Wood en Haiti,
    5. Jean Paton, Jean Jeudi, John William parmi les anthropophages des îles polynésiennes.

    Ecoutez ce témoignage: A l'arrivée de Jean Paton dans les iles mélanésiennes, il n'y avait pas de chrétiens ; à son départ, il n'y eut plus de païens.

Conclusion

Que la Bible soit la seule autorité dans votre vie personnelle, dans votre vie de famille et dans vos affaires. L'Eglise et la société en bénéficieront.

Questions

1. Quel est livre qui suffit à lui-même pour notre foi et notre conduite ? La Bible
2. Montrer que la Bible est incomparable ?
   Elle ne peut être comparée aux livres de magie?
3. Pourquoi ? Parce que la Bible donne accès à Dieu, les livres de magie à Satan.
3. Pourquoi ne peut-on pas la comparer aux livres de sciences ?
   Parce que ces livres donnent accès seulement aux choses de la terre. La Bible seule nous donne accès à Dieu.
4. Comment justifier son autorité ?
   Par l'accomplissement des promesses de Dieu.
5. Citez en deux :

     a. La puissance de L'Esprit pour chasser les démons
     b. La réponse de Dieu à nos prières
6. Comment prouver que la Bible est la seule autorité en matière de conduite?
     a. Par la vie morale des chrétiens
     b. Par leurs succès obtenus grâce à la méditation de la Parole.
7. Pourquoi Dieu punit-il nos fautes ?
Pour que nous ne soyons pas condamnés avec le monde.
8. Citez des missionnaires et leur champ de travail ?
     a. Adoniram Judson en Burmanie
     b. William Carey aux Indes
     c. Arthur Grove Wood en Haïti

Leçon 12
Jésus, une occasion de soucis

Textes pour la préparation : Mt.2 :2-16 ; 3 :17 ; 13 :55 ; Lu.2 : 1-47 ;
Versets à lire en classe : Mt.2 :1-3
Verset de mémoire : Heureux celui pour qui je ne serai pas une occasion de chute. **Mt.11 :6**
Méthodes : Discours, comparaisons, questions
But : Considérer différents états d'esprit par rapport Christ.

Introduction
Vous ne savez où vous mettre quand il s'agit de recevoir un visiteur de marque. Cela dépend de votre relation avec lui. La venue de Jésus dans ce monde a provoqué des soucis à maintes personnes. Qui étaient-ils ? Quels étaient leurs soucis ?

I. Premièrement : des mages.
   Leur souci: Voir le roi des juifs pour l'adorer.
   1. Ils cherchent l'Enfant-Dieu.
   2. Ils viennent de l'Orient, après plus de 1500 kilomètres de voyage pour découvrir la retraite du roi des juifs qui vient de naitre. Mt.2:2
   3. Ils n'ont jusqu'ici qu'une étoile pour les guider.

II. Deuxièmement : Hérode Le Grand
   Son souci : Voir le roi des juifs pour le tuer.
   1. Un enfant de sang royal est né dans son territoire!
   2. C'est une menace à son trône. Mt.2:3
   3. Il doit le tuer. Mt.2:16

III. Troisièmement : Siméon
   Son souci : Voir le Messie avant de mourir. Lu. 2: 29-32

1. Il était un juif pieux qui vivait à Jérusalem. Lu.2: 25
2. Il était divinement averti par le Saint-Esprit qu'il ne mourrait point avant d'avoir vu le Messie. Lu.2:26
3. Il allait au temple de temps en temps, convaincu que c'était là le lieu où il verrait ce Messie. Lu.2:27
4. Un beau jour, Joseph et Marie vinrent présenter Jésus au Temple. Siméon était là. Il reconnut l'enfant d'après les indications de l'Esprit. Il le prit dans ses bras et le bénit. Lu.2: 34

IV. **Quatrièmement : Marie et Joseph**
   Leur souci: Eduquer l'Enfant-Dieu
   1. Ils obéirent à l'ange pour fuir en Egypte en vue de protéger l'enfant momentanément en danger.
   2. Ils le forment dans la Loi comme tous les juifs. Lu.2: 42
   3. Ils le soumettent à l'examen d'instruction religieuse obligatoire aux juifs. Lu.2:46-47
   4. Joseph lui apprend le métier de charpentier. Mt.13:55
   5. Marie aura son cœur transpercé de douleur. Lu. 2: 35

V. **Cinquièmement : Dieu**
   Son souci : Sauver tous les fils d'Adam par Jésus, le Messie. Jn.3:16
   1. Il envoie l'armée céleste pour son investiture.
   2. Les anges ne prêchent pas mais ils donnent aux bergers l'adresse du Sauveur. Lu. 2: 8-12
   3. A son baptême, Dieu le présente à tous. Mt. 3:17

4. Avant sa crucifixion, Moise vint déposer le registre de la Loi à ses pieds.
5. Elie vint fermer le dossier des prophètes à ses pieds car tout était en voie d'accomplissement. Mt.17: 1-3
6. Finalement, C'est Dieu qui parle depuis les cieux en déclarant: «Celui-ci, mis pour l'objet le plus rapproché, c'est mon Fils-Bien-Aimé en qui j'ai mis toute mon affection. Ecoutez-le.» La Mission de Moise avec la Loi et celle des prophètes sont achevées. Ecoutez Christ. Voilà mon souci.

Conclusion

Jésus va revenir. Quel est votre souci?

Questions

1. Quel était le souci des mages?
   Voir l'Enfant-Dieu pour l'adorer.
2. Quel était le souci d'Hérode le Grand?
   Voir l'Enfant-Dieu pour le tuer.
3. Quel était le souci de Siméon?
   Voir l'Enfant-Dieu avant de mourir.
4. Quel était son plus grand privilège?
   Présenter Jésus au Temple et le bénir.
5. Quel était le souci de Joseph et de Marie?
   Elever dignement cet Enfant-Dieu.
6. Quel était le souci de Dieu?
   Sauver tous les fils d'Adam

Récapitulation des versets

Leçon 1
Bénissez l'Eternel, vous ses anges, qui êtes puissants en force, et qui exécutez ses ordres en obéissant à la voix de sa parole! **Ps.103:20**

Leçon 2
Bénissez l'Eternel, vous toutes ses armées, qui êtes ses serviteurs et qui faites sa volonté. **Ps.103: 21**

Leçon 3
Il répondit: Ne crains point; car ceux qui sont avec nous sont en plus grand nombre que ceux qui sont avec eux. **2R.6:16**

Leçon 4
Mille milliers le servaient, et dix mille millions se tenaient en sa présence. **Da.7:10b**

Leçon 5
Moi, Jésus, j'ai envoyé mon ange pour vous attester ces choses dans les Eglises. Je suis le rejeton et la postérité de David, l'Etoile brillante du matin. **Ap.22:16**

Leçon 6
Ne sont-ils pas des esprits au service de Dieu, envoyés pour exercer un ministère en faveur de ceux qui doivent hériter du salut? **Hé.1:14**

Leçon 7
L'Ange de l'Eternel campe autour de ceux qui le craignent et les arrache au danger. **Ps.34:8**

Leçon 8
Obéissez a vos conducteurs et ayez pour eux de la déférence, car ils veillent sur vos âmes dont ils devront rendre compte ; qu'il en soit ainsi afin qu'ils le fassent avec joie, et non en gémissant, ce qui ne vous serait d'aucun avantage. **Hé.13: 17**

Leçon 9
Car je n'ai point honte de l'Evangile: c'est la puissance de Dieu pour le salut de quiconque croit, du Juif premièrement, puis du Grec. **Ro.1:16**

Leçon 10
Je te loue parce que tu m'as exaucé, tu m'as sauvé. **Ps.118:21**

Leçon 11
Toute Ecriture est inspirée de Dieu, et utile pour enseigner, pour convaincre, pour corriger, pour instruire dans la justice. **2Ti.3: 16**

Leçon 12
Heureux celui pour qui je ne serai pas une occasion de chute. **Mt.11:6**

Table des matières

Série 1 Entre moi et Dieu Seul
Avant- propos 5
Remerciements 6
Leçon 1   Sa nécessité 7
Leçon 2   Une rencontre au sommet de deux mystères. 10
Leçon 3   Un mouvement de l'âme vers son Dieu 13
Leçon 4   Un entretien profond et confidentiel
avec Dieu 15
Leçon 5   La persévérance à soutenir une cause juste.... 18
Leçon 6   Un télégramme dans un cas d'urgence
Leçon 7   Un combat intérieur 25
Leçon 8   Un appel à l'intervention divine 28
Leçon 9   Un séminaire au pied du Seigneur 31
Leçon 10 Un générateur de puissance 35
Leçon 11 Causes de la chute de deux grands
leaders 38
Leçon 12 La dévotion personnelle jusqu'à
l'illumination 42
Récapitulation des versets 45

Serie 2   Comment sauver votre mariage en péril
Leçon 1   Le mariage en péril 49
Leçon 2   Les cinq grandes réalités dans la vie
conjugale 54
Leçon 3   Un rien qui vaut beaucoup 58
Leçon 4   Les six besoins fondamentaux dans
le mariage 61
Leçon 5   Le Le conjoint irresponsable 65
Leçon 6   Le conjoint trop préoccupé 69
Leçon 7   Le conjoint indiscret 74
Leçon 8   Le conjoint réticent 79
Leçon 9   Le conjoint outrageux 84
Leçon 10 Le conjoint violent 88

Leçon 11	Le conjoint infidèle	92
Leçon 12	Le mari non chrétien	95
Récapitulation des versets		98

Serie 3   L'epitre de Paul aux Galates

Leçon 1	Raisons d'être de l'Epitre aux Galates	102
Leçon 2	L'intransigeance de l'Evangile	107
Leçon 3	La Loi et la Grâce	110
Leçon 4	La Loi et la Grace (Suite)	113
Leçon 5	L'Antériorité de la grâce à la Loi	116
Leçon 6	Les deux alliances mises en relief	119
Leçon 7	Ceci est la Nouvelle Alliance en mon sang	124
Leçon 8	La manifestation de la foi	128
Leçon 9	La place de la Loi dans la dispensation de la grâce	131
Leçon 10	Le Sabbat	136
Leçon 11	La vie du croyant en Christ.	139
Leçon 12	Les caractéristiques du fruit de l'Esprit	143
Récapitulation des versets		147

Série 4   Le ministère des Anges

Leçon 1	Les anges	151
Leçon 2	L'ordre des anges	155
Leçon 3	Leur nombre	159
Leçon 4	Leurs rôles auprès de Dieu	162
Leçon 5	Leurs rôles auprès de Jésus-Christ	165
Leçon 6	Leurs rôles auprès des croyants	168
Leçon 7	L'Ange de l'Eternel	172
Leçon 8	Le pasteur, l'ange de l'Eglise	176
Leçon 9	Réformation	180
Leçon 10	Thanksgiving	185
Leçon 11	Fête de la Bible	189
Leçon 12	Jésus, une occasion de soucis	194
Récapitulation des versets		197

Rev. Renaut Pierre-Louis

Esquisse Biographique

Pasteur de l'Eglise Baptiste à Saint Raphael,	1969
Diplômé du Séminaire théologique Baptiste d'Haïti,	1970
Diplômé de l'Ecole de Commerce Julien Craan,	1972
Professeur de langues vivantes au Collège Pratique du Nord au Cap-Haitien,	1972
Pasteur de la Première Eglise Baptiste au Cap-Haitien,	1972
Pasteur de l'Eglise Baptiste Redford, Cité Sainte Philomène,	1976
Diplômé de l'Ecole de Droit du Cap-Haitien,	1979
Fondateur du Collège Redford et de l'Ecole Professionnelle ESVOTEC,	1980
Pasteur de l'Eglise Baptiste Emmaüs à Fort Lauderdale	1994
Pasteur de l'Eglise Baptiste Péniel à Fort Lauderdale	1996

Pasteur militant pendant quarante-six ans, avocat, poète, écrivain, dramaturge,
Ce serviteur du Seigneur vous revient aujourd'hui avec "**La Torche Perçante**", un ouvrage didactique de haute portée théologique qui a déjà révolutionné le système d'enseignement dans nos Écoles Du Dimanche, et dans la présentation du message de l'Evangile.

"**La Torche Perçante**" vous est aussi présentée en livret trimestriel sans nous écarter de notre promesse de vous enrichir avec douze volumes empreints de variété et de profondeur.

Pasteurs de recherche, prédicateurs de réveil, moniteurs de carrière, chrétiens éveillés, prenez "La Torche" et passez-la.
2 Tim. 2:2

www.ingramcontent.com/pod-product-compliance
Lightning Source LLC
Chambersburg PA
CBHW071615080526
44588CB00010B/1144